WISER

賢い組織は「みんな」で決める

リーダーのための行動科学入門

GETTING BEYOND GROUPTHINK TO MAKE GROUPS SMARTER

キャス・サンスティーン
リード・ヘイスティ
田総恵子 訳

NTT出版

Wiser: Getting Beyond Groupthink to Make Groups Smarter
by Cass R. Sunstein and Reid Hastie

Published by arrangement with Harvard Business Review Press, Watertown, Massachusetts
through Tuttle-Mori Agency, Inc. Tokyo

目　次

賢い組織は「みんな」で決める

はじめに　集団思考《グループシンク》を超えて

ある仕事を終えるのに思ったより時間がかかってしまった。最近そんなふうに思ったことはないだろうか。もしそうだとしたら、それは、実際にかかった時間より短時間で仕事を終えられるはずと考えているからで、「計画錯誤」に陥っている証拠だ。

自分が気に入った映画は、友人も必ず気に入ってくれると思っていないか。もしそうなら、あなたは自分が好きなものは友人も必ず好きになるという、自己中心的な偏見を持ちやすいタイプかもしれない。

人は長期的な視点を忘れがちだ。訳もなく損しないかと心配したり、非現実的なまでに楽観的になったり、自分勝手な判断をしたり（自分にとってのベストはみんなにとってフェアである）、リスクにうまく対処しなかったり、などなど。こうしたことに他の様々な理由が重なって、私たちはそれぞれに、数多くのトラブルに陥る。

この数十年の間に、人々がどのように考え、行動し、時に失敗するかについての研究は画期的に進歩した。行動科学は、人間がありとあらゆる間違いを犯すことを証明してくれたが、それ自体は何も新しい発見ではない。重要なことは細部に宿る。私たちがどんな間違いを犯し、なぜ犯すのかについて具体的に示したことに意義があるのだ。

この問題についての名著もあるダニエル・カーネマンを筆頭に、社会科学の研究者たちは思考方法を二種類に区別している。「速い思考」と「遅い思考」だ。[1]速い思考は、行動科学でいう「システム1」に根ざすもので、瞬時、自動的、感情的、そして本能的なものだ。遅い思考は「システム2」に基づくもので、ゆっくりと、色々と計算し、熟考する。私たちが複雑な状況の中でどうしようかと考えるとき、「システム1」は当てにならない（トラブルからすぐに逃げ出すにはいいが）。「システム2」がちゃんと機能していれば、遅い思考は大切な防衛手段となる。様々な試算を行い、多くの場合正しい解決策を導き出してくれるからだ。だが残念なことに、優勢なのは大体速い思考のほうで、個人が犯す多くの間違いの原因となっている。

個人がそうなら、集団はどうだろうか。この本は、集団は個人の間違いを正しているのか、という著者二人の単純な疑問から始まった。答えは簡単で、ノーだ。集団は個人の間違いを増幅してしまうことのほうが多い。最初に挙げた計画錯誤についていえば、集団のほうが個人より状況はひどい。だがここに、ビジネスや政府、日々の生活の中で起こる間違いを理解する鍵がある。集団では、「システム1」の影響が大きい。

二つ目の疑問は、それなら、集団は個人の間違いを正すことができるのか。答えは簡単、イエスである。本書でそれを説明したい。

集団は、ちょっとした手段や技術の助けを借りれば、賢くなれる。たとえば集団のリーダーが、自分は黙って部下たちに話をさせると、最良の結果を出せるようになる。これよりはちょっと策を必要とするが、集団のメンバーに具体的な役割を与えて、必要な情報を集めやすいようにすると、まとめ役としてはもっとうまく事を運べる。賢い集団では、現行の方法やこれから出す決定に弱点がないかを検討する「敵対チーム《レッド・チーム》」を編成するところも多い。また、新たな行動規範を探り、チームプレイヤーを再定義することも、集団や企業を賢明にする。チームプレイヤーとは、集団に迎合することでも、ただただ楽観的になるということでも、有能な上司に全面的に敬服することでもない。チームに新しい情報を加えるのがチームプレイヤーである。

一方、何かしら決まりを作って行事を使うとうまく行く集団もある。集団の知恵を把握し、進歩させてくれる、素晴らしい機会を提供するテクノロジーも利用するといい。トーナメント、予測市場、パブリックコメントのように一般の意見を求める機会だ。実は本書のタイトルも、著者二人で考えついたものではない。タイトルをどうしようかと考え始めるまでその存在すら知らなかったホームページ上で、まったくの赤の他人のグループが考え出してくれたのだ。この話は後で詳しく述べることにしよう。

ここでは、生物学と現代のコンピュータ・サイエンスとの根本的な違いにも着目して考えている。集団で起こるあらゆる類のプロセスを改善するのに、この区別は役に立つ。意思決定や問題解決の任務を、①クリエイティヴで多様な思考の段階と、②厳格な視点で解決策をまとめ上げていく段階の二つに区別するのだ。管理職の立場にある人々はどのような業種であれ、集団でのプロセスがまったく、あるいはうまく動いていないという問題を抱えていて、それを正す方法を求めている。私たちはそんな人たちに具体的な提案をしていくつもりである。

何人いればいいのか？

人類の歴史が始まって以来、人は集団で物事を決めてきた。現代社会では、企業、法律事務所、学校の理事会、労働組合、宗教団体、政府、国際組織などの場で、人々は決定を下している。人は様々な場で大小様々な集団で集まり、自分たちの行動を決めている。「三人寄れば文殊の知恵」とよく言われるが、もしそうなら、二人より三人、四人のほうがもっといいのか。百人、千人となったら、もっと良くなるはずではないのか（集団思考の力や限界を示す数字については、第8章で論じる）。集団のメンバーが本当に互いに話し合うことができれば、より良い選択を学び、それを選択することができる。つまり、集団のメンバーの一部、あるいは大半が、犯す間違いを正すことができる。

こんな楽観的な見方には長い歴史がある。もっとも有名な話はアリストテレスにまで遡ることができる。彼は古代ギリシアで集団の知恵を標榜した哲学者で、次のように述べている。「みんなが集まれば、……少数の優秀な人々の資質を上回ることができる。それは、集団として、あるいは団体としてであって、個々人としてというわけではない。……討議のプロセスに加わる人が大勢いれば、各々自身の善良さや思慮分別をそのプロセスに反映させることができる。……頷けるところは人によって違うだろうが、全体としてはすべてを見渡すことができる〔2〕」。

アリストテレスは、集団で協議すれば、個人の知識を集約し、間違いを排除することができ、その結果「少数の優秀な人々の資質」をさらに改善しうることを鋭く意識していた。鍵は、情報の集約で、人々が情報の様々な要素の中で注目するものは異なるだろうが、それが集まると、全体としてはすべての要素を把握できることにつながる。本書ではアリストテレスのこの主張が何を意味し、どうしたらこれを実現できるかについて、かなりの部分を割いて論じたいと思う。

二〇世紀では、哲学者ジョン・ロールズが同じようなことを言っている。「討論が有益なのは、立法府の代議員ですらその知識と理性には限界があるからだ。誰も他人が知っていることのすべてを知っているわけではない。また、全員が一致して同じように考えることもできない。討論は、情報をまとめて議論の幅を広げる方法なのである」[3]。ロールズは民主主義について論じているのだが、その指摘は集団の公私、大小に関係なく、あらゆる集団に適用できる。

しかし実際、集団は少数の優秀な人々の資質を上回ることができるのだろうか。情報をまとめて、議論の幅を広げることができるのか。企業にそんな芸当ができるのか。政府の役人たちはどうか。残念ながら、人類の歴史は集団がその可能性を発揮できずに終わった例に溢れている。多くの集団は愚かだ。失敗するに決まっている製品に賭ける。絶好の機会を逃す。不発に終わるマーケティング戦略を立てる。投資や戦略がうまく行かず、その過程で何百万の人々に損をさせてしまう。

集団は正しい決定を下せるかという質問に対して、リーダーたちの答えは分野によって違う。ビジネス界では、多くの人を巻き込んで失敗に対する策を講じておかないと、良い決定は下せないという。政府でも、フランクリン・D・ローズヴェルト大統領のように偉大なリーダーたちは同じことを信じている。大した業績のない大統領は、孤立し、似たような考えを持ったとりまきにしか耳を貸さなかった。多くの場で、良い決定にたどり着くためには、多くの人と話さなくてはならないというのが通説になっている。

一方、自らの判断に大いなる自信を持ち、集団の意見や側近からのアドバイスは邪魔なだけで、時間の無駄だとするリーダーもよく見かける（ロシアのウラジーミル・プーチンがいい例だろう）。専制君主でも、専制君主やある種の天才はこのように考えがちだ。中にはそれで成功する者もいる。しかし、失敗する者のほうが断然多く、その理由の一つは必要なことを充分知らない、あるいは知ろうとしても（一人では）知りえないからだ。

彼らの自信は誇大妄想であり、極端でもある。しかし、そうした人々をただ黙殺する前にもう一度考えてみよう。集団で良い決定を出すのはむずかしい。それほどむずかしいなら、そのために努力する価値がそもそもあるのかとも思う。集団で良い決定を出すなど、稀なことという人もいるだろう。決定の良し悪しをどう判断するかについて、経済学者は二つの点から考えたらどうかと提案している。①決定にかかるコストと、②間違いのコストだ。集団による決定は、多くの人が関わることから決定のコストが高い。さらに、集団が下した決断が結局悪いものであった場合は、間違いの数や規模（つまり間違いのコスト）も大きくなる。

ここで、話は「集団思考《グループシンク》」につながる。これはアーヴィング・ジャニスが考え出した概念で、集団は画一化し、互いに検閲しあう方向に向かうというものだ。[4] ジャニスは正しかった。多くの場合、官民問わず集団が失敗するのは、集団で議論したにもかかわらずではなく、まさに議論したゆえの結果である。企業も組合も宗教団体も、討議すると悲惨な結論を招く。政府でも同じことだ。

「集団思考」という言葉は印象に残りやすく、一般に広まったのも当然だ。だが、ジャニスの説を裏付けようと検証を試みた研究者の多くは、その目的を達成できずに終わった。[5] ジャニスは、結束力が強く、上から統率され、専門家の意見を受け入れない集団ほど、集団思考に陥りやすいと考えた。その考えを証明するため、彼は特に人目を引くような事例をいくつか挙げている。

だが、無作為に抽出されたのではない事例から結論を導き出すのは危険だ。それに、ジャニスの主張を裏付けない事例もある（ニクソン政権やスペース・シャトルのチャレンジャー号の打ち上げなど）。実証研究でも、ジャニスが集団思考に特徴的と強調したものと必ずしも結びつけられていない。[6] ジャニスがもっともらしく挙げたのは、集団の誤りを正確に述べた事例とか、集団を成功に導く有益なアドバイスとかではなく、文学のように想像力の産物に近いのかもしれない。

ジャニスが自説を展開したのは、現代の行動科学の誕生以前のことだ。行動科学はまったく別個の学問の流れを生みだした。たとえば、ダニエル・カーネマンの『ファスト&スロー』、ダン・アリエリーの『予想どおりに不合理』、センディル・ムッライナタンとエルダー・シャフィールの『いつも「時間がない」あなたに』、そしてリチャード・セイラーとキャス・サンスティーンの『実践行動経済学』などだ。[7] だが、これまでのところ誰一人として、最近の行動科学の成果が企業などの集団における行動にどのように関連するのかについて、継続的に関心を寄せてはこなかった。私たちはそのギャップを埋めたいと考えている。行動経済学も含めた行動科学研究と集団行動との直接の関連を確かめていきたい。

そうすることで私たちは集団思考という概念を超えて、(チームや組織に関わるビジネスや政府の失敗も含めた) 集団の失敗という問題をより正確に理解し、可能な解決策を見つけ出したいと考えている。私たち自身が行ったものも含めて過去数十年に及ぶ研究をもとに、様々な熟議集団の失敗の原因となったメカニズムを解明し、成功に導く方法を明らかにしたい。建設的な思考とは、今すぐ実行できる小さなステップに驚くべき価値があり、大きなインパクトを生みだしうることを認める考え方である。従業員や顧客のためにより良く行動できる企業は数知れない。政府も同様、さらには慈善団体も、宗教団体も、教育機関だって同じである。

情報の共有

私たち二人は何年にもわたって集団における意思決定について研究してきた。本書も、私たちの実証研究や実体験の多くを参考にしている。

二〇〇九年から二〇一二年まで、サンスティーンは行政管理予算局の情報・規制問題室（ＯＩＲＡ）の室長の任にあった。ＯＩＲＡは環境保護、職場の安全、健康管理、移民、農業、国土安全保障など数多くの事例に関して、連邦政府の規制の制定を監督する部署である。どこでもそうだが、連邦政府においても意思決定は集団で行われ、大規模プロジェクトや政策の運命は集団の力学にかかっていることも多い。

ＯＩＲＡの使命は、重要な規制や要件が適法で、本当にアメリカ国民のためになり、また必要以上にコストがかからないように手助けすることである。このプロセスがうまく機能するためには、連邦政府内で様々な情報を持つ異なる省庁がその情報を共有することが大事で、そうしてこそより良い成果を生みだすことができる。たとえば、大統領経済諮問委員会は経済の効果についての専門家を擁しているし、環境保護庁（ＥＰＡ）は環境問題、通商代表部は通商問題、科学技術政策局は科学的知識と、それぞれに専門知識を有している。異なる省庁の人間が自分たちの情報を自由に話すことができれば、集団での決定はより良いものとなり、大失態を避けることができる。

たとえばＥＰＡが発電所による大気汚染を削減する規制を考えているとしよう。この場合、ＥＰＡは連邦政府内の他の部署からの情報を必要とする。経済や科学に関連する情報が必要だし、通商についても必要かもしれない。もちろん、EPAにも専門家はいるが、こうした分野の他の専門家の意見を聞くことができたら、より良い結論を出せるかもしれない。重要な視点が抜け落ちてしまわないように、役割特化をしてこそ、集団はうまく機能する。「システム2」的思考の典型である、慎重な費用対効果分析も、集団が示す極化など偏った行動を克服するのに重要な手段である。

似たようなことは外交政策の分野でも言える。プロセスを重ねるというのは退屈な話かもしれないが、国家が誤った外交政策を排除して賢明な策を選ぶときは、指導者たちが必要な情報を手に入れ、重要な情報が抜け落ちたり失われたりすることのないように、「プロセスを重ねた」ときである。ホワイトハウス内では、国家安全保障担当補佐官がそのプロセスを管理する立場にある。この任にあたる人物が独裁的であったり、人々が何を考えているかに注意を払わない人であったりすると、このプロセスはうまく進まないだろう。

ブッシュ政権下、イラクが大量破壊兵器を保有しているという判断がなされたが、その一因は情報の適切な取捨選択と集約が行われなかったことにある。オバマ政権でのウサマ・ビンラディンを追い詰めるという決定は賭けでもあったが、良い選択でもあった。トーマス・ドニロン国家安全保障担当補佐官が見事にプロセスを仕切り、大統領がすべてを把握できたからだ。

自己満足、心配、楽観論

情報集約の重要性を充分わきまえているのが良き管理職であり、役割分担によって、「楽観論」のリスクを削減できることも知っている。楽観論は、集団のメンバーが、すべてうまく行っている、今後はもっと良くなるから何も心配することはない、と言い始めたときに始まる。楽観論こそが集団の失敗例の典型的な原因であると私たちは考えており、その害については言うべきことが山ほどある。本書は楽観論を第一のターゲットとして書いたと言ってもいいくらいだ。

政府でもどこでも、役割分担だけでは充分ではない。世界の指導者たちには自己満足型と心配性型の二つのタイプがいる。自己満足型はリラックスしていて、陽気で、満足しているタイプで、物事はすべて思い通りに運んでいると考えている。対照的に、心配性型は大失敗が起こる可能性ばかり考え、物事は今にもおかしくなり、手に負えなくなってしまうと心配している。

自己満足型はエネルギッシュで、気持ちは常に前向き、意欲満々だ。自分の任務を確信していて、その熱意は周囲にも波及していく。オバマ政権では、関係者すべてがそうではなかったにせよ、自己満足型もそこそこ存在した。たとえば、医療保険制度改革法はちょっとした問題さえ解決すれば施行でき、民主・共和両党が協力して、政権の思い通りに政策は実行されると考えていた自己満足型がいた。

自己満足型は誰からも好かれ、完璧なチームプレイヤーのように見える。話はすこぶる面白く、夢のような未来を描ける者も中にはいる。周りと波風を立てることはなく、いつもニコニコして快活だ。アイデアに溢れ、中には素晴らしいものもあるだろう。楽天的で、楽観論が大好きだ。つい雇ったり、昇進させたくなってしまうタイプの人物である。具体的な名前は挙げないが、どの政権にも職場にも、お気楽な自己満足型の人間は大勢いる。

一方、心配性型も同じように楽観的で、人当たりが良く、意欲満々で、ニコニコしているかもしれない。だが、このタイプは同時に懸念、懐疑心、不安に悩まされている。任務については確信しているし、うまく行かせたいとも思っているが、心配性型はあらゆる場面で障害やマイナス面、課題に目を向けてしまう。オバマ政権内の自己満足型と一緒に働いていると、心配性型は疑心暗鬼で、狭量、ネガティヴ、時に血も涙もない人物に思えてくる。「うまく行かないとすれば何が問題か」、「これについては考えてみたか」、「こんなことにも備えていなかったのか」等々、遠慮なく質問を浴びせてくるタイプだ。

ここでは二人の名前を挙げておこう。二〇一〇年から一二年まで政策担当副首席補佐官を務めたナンシー＝アン・デパールは典型的な心配性型である。政府での経験も豊富な彼女は、有能で優秀で意欲のある人間でも、充分な目配りをせず、最悪の場合を考えていない場合、大失敗を犯すということに気づいていた。彼女は非常に公平な人物で、とてもいい人なのだが、いつもニコニコしているわけではない。人の目をまっすぐ見て話をし、相手の計画に疑問を投げかけ、きっぱりノーということも恐れない人間だ。自己満足型とは正反対である。

ちょっとした小話がある。サンスティーンがOIRAを率いていた時期のある夜遅く、デパールから少し心配げなメールが届いた。「規制はどんな具合に進んでいる？」サンスティーンはどの規制のことかわからず、こう答えた。「どの規制のことを言っているのかわからないけれど、どれもまあまあうまく行っているから、君の言っているものも大丈夫だと思う」。デパールからの返事は、「ハグ（hug）」の一言。

サンスティーンはちょっと不思議に思いながらも、うれしくなった。デパールはいい人ではあるが、ハグなんてメールを送ってくるタイプではないからだ。サンスティーンは「今年一番のステキなメールだった」と返した。するとデパールからすぐに返事が。「温室効果ガス（greenhouse gas）」の略のつもりで「ghg」と打ったら、携帯の自動スペルチェック機能で「hug」に変換されてしまったとのこと（残念！）。

デパールはハグするタイプではない。楽観論も好きではない。彼女は周りにいる上司も部下も賢くしてくれる人間だ。それが時に周りにとっては居心地の悪いことにもなってしまうけれど。歴史をやり直すことはできないが、もし彼女がオバマ政権で引き続き働いていたら、二〇一三年に起きた医療保険サイトへのアクセス問題はもっとうまく処理され、システムは機能したはずだという意見もある。それはともかく、心配すると人は気持ちを集中させ、心配性のリーダーは周りを集中させる。心配は、他の感情と同様、周りに伝染する。管理職にとっては重要な教訓である。

ジェフリー・ジエンツは、オバマ政権一期目に行政管理予算局の副局長、次いで同局長代理を務めた。彼は楽天家で、ユーモアたっぷり、とにかく愛想が良い人物で、眉をひそめることは滅多にない。誰からも愛されるタイプだが、実際は、かなりの心配性型で、特に重要事案ではそれが発揮される。民間に出ても、カリスマ経営者と知られるようになっていた。医療保険サイト開始早々の二〇一三年の混乱に際して、オバマ大統領は非常にうまい手を打った。ジエンツに声をかけ、問題解決を依頼したのだ。ジエンツもそれに応えて、見事に問題を解決した。大統領はさらに、ジエンツにホワイトハウスへの復帰を要請、彼は国家経済会議委員長として復帰することになった。

良き管理職というのは心配性型でありながらも、同僚や部下の間には忠誠心や仲間意識を育てなくてはいけない。ジエンツはまさに心配性型でありながら、好感の持てる人物で、しかも有能という稀有な才能の持ち主だった。同僚からは、「クォーターバック」と呼ばれることもあるが、それはフットボールを投げるのがうまいからだけではなく、楽観論をぶつだけではない指導力が彼の洞察力や行動に表れているからだ。

デパールやジエンツのような心配性型は、政府やビジネス界に不可欠である。集団思考の危険を突破し、克服できるからだ。反対のために反対するあまのじゃく（第6章で論じる）のようだが、それ以上の役割を果たす。なぜなら、彼らが真剣に取り組み、ふざけているわけではないことをみんなが承知しているからだ。みんなが思っていることを口にしてくれるし、さらに重要なのは、みんなが恐れていることを言ってくれるのだ。言い方こそ違うものの、こうした人々は「何かうまく行かなくなるとすれば、原因は何なのか」を常に問うているのである。

集団が最終的に結果を出せるのは、心配性型のリーダーがいて、そのおかげで拡散している情報をより効果的に集約できたときだ。それによって、集団のメンバーが持っているすべての情報を集団全体で把握できるようになる。心配すると人は何かしようと思うから、集団は学習することができる。集団にはほんのちょっとの心配、時に大きな心配が必要である。集団には、何を知っていなくてはならないかを見つけられる組織文化が必要なのだ。

現実主義、楽観主義、そして賢い集団への道

さて、ここで良い知らせと悪い知らせがある。良い知らせは、議論に適切な枠組を設定し、集団が適切な規範と実践を用いることができれば、そのような組織文化を作り出すことができるということだ。悪い知らせは、実世界では議論はしばしば誤った方向に向かってしまうことだ。多くの集団はメンバーたちの間違いを正すことができない。逆に、増幅してしまうことが多い。集団のメンバーが非現実的なほどに楽観的であると、その集団はそれに輪をかけて楽観的になる。企業で働く人々が長期的な視点に関心を払わないと、その企業はド近眼の症状に苦しむ。行動科学が明らかにした判断ミスの事例で、集団の議論の結果、そのミスが正されたことを示す証拠は一つもない。

企業や官僚、宗教団体が犯した大失敗の多くは、本書でこれから明らかにする問題に直結している。企業が誰も買いたがらない製品を販売するのは、心配性型がチームプレイヤーであろうとして、沈黙したからである。官僚が提案する環境規制が弱すぎる、行きすぎる、あるいは的外れになるのは、集団での議論で失敗したからだ。

賢い集団とそのリーダーは、不完全な集団プロセスで起こるリスクを充分に心得ていて、そ

れに対処するために具体的な手段をとる。インターネットの発達のおかげで、そのような手段をとる機会は飛躍的に増加した。集団は、メンバーが持つ情報をプールしておくことができる。また、集団の外に目を向けて、何百、何千、何万もの人々の間に拡散している情報を活用することができる。

実証研究に基づいて、私たちは集団を賢くする、具体的な方法をいくつか紹介していく。単純明快な問題解決策もある。たとえば、管理職にはリーダーシップ、決意、理解力、創造力も少し必要だ。他には、テクノロジーを活用する策もあり、幾らか時間と資源を必要とするものもある。非公式に行うものや一晩で実現できるものもあれば、多少なりの枠組が必要だったり、事前の計画が必要なものもある。集団が異なれば、アプローチも異なってくる。

万能薬はない。これは本書のテーマの一つだ。だが、集団とそのリーダーが、どこでうまく行かなくなるのかをきちんと理解さえすれば、正しい方向に物事を向かわせることができるようになる。

本書の構成

本書は二部構成である。第Ⅰ部では集団の失敗の原因を探る。第1章は、集団で問題を議論する理由、議論に期待するもの、集団が直面する課題について述べ、テーマの背景を説明する。主に、集団はいかにして重要な情報を手に入れ損なうのか、リーダーやメンバーたちが、反対派、あるいは別の視点を持つ人々をどうやって黙らせてしまうのかについて語る。

第2章から第5章までは、集団が失敗する四つの要因について検討する。第一に、集団はメンバーの間違いを正すことはおろか、その間違いを増幅してしまう。第二に、集団は群れとなり、メンバーは最初に口を開いたり、行動を起こした人間について行ってしまう。たとえ、その発言や行動が不幸な、おぞましい、悲劇的な方向に導くものであってもだ。第三に、集団は極端に走る。たとえば、異常なほどの楽観論を抱いている人たちは、互いに話し合うことで、それに輪をかけて楽観的になる。第四に、集団のメンバーは、共有する情報の重要性を強調するあまり、共有していない情報をないがしろにする。その結果、一人あるいは少数の人間だけが持っている、耳障りでも決定的な情報を活用することができない。

第II部では、集団の成功の原因に目を向ける。第6章は失敗のリスクを減らすことができる八つの、実に容易な方法について述べる。この八つはそれぞれ、第I部で見ていく四つの失敗に対処するものだ。鍵は集団における議論の方法で、いかにいい議論をするかだ。特に、自ら口をつぐむリーダーの存在と役割分担の重要性を強調したい。役割分担は暗黙のうちに行ってもいいし、みんなにわかる形で行ってもいい。

第7章は、まったく違う二つのプロセスをきちんと区別することの重要性について詳しく説明する。一つは解決策となりうる策を見つけ出すプロセスで、もう一つは、望ましい解決策を選択するプロセスである。解決策となりうる策を見つけるには、集団は柔軟に、想像力を働かせて、少しいい加減であっても、とにかく始めればいい。だが、実際の解決策を選ぶ時点では、厳格で分析的な視点を持つことが重要で、事を完結させなくてはならない。集団の多くが失敗するのは、この二つのプロセスをごちゃ混ぜにしてしまうからだ。特に、解決策となりうる策のリストを作るために色々な方面に目を向けなくてはならないときに、狭い範囲に閉じこもってしまう。この区別については第7章で詳しく論じるが、全体を通じて頭の隅に置いておくと役に立つだろう。

第8章では、最近話題の集合知について考えてみたい。この考え方は結局のところ、たまに驚くべき成果を見せる「数の集合」を賛美しているにすぎない。この集合は、互いに議論することはなく、個々に独立して、質問に答えたり、問題を解決したりしているだけだ。私たちは、集合知は単純な算数から出来上がっているもので、その同じ算数で、集合は賢くなれないことも説明していくつもりだ。状況によっては、集合は機能せず、ここではそうした機能しない状況を詳しく論じる。企業などの集団は特に、集合は賢明であると思い込んで動いてはならない。集合が賢くなるのはどういうときで、どういう理由でかを理解し、それに基づいて、集団での議論を改善するほうがよっぽど役に立つ。ここで大切なのは、多様性と意見の相違である。

第9章では、専門家の役割について論じる。その分野の大家を追いかけるのは大きな間違いだ。正しい答えを求めるなら、大家と思われる人を探すよりも、複数の専門家に相談するほうがいい。

第10章から第12章までは、よりクリエイティヴで、新しい、アイデア募集法を探るが、そのためにはインターネットを大いに活用したい。今では、政府も民間も、トーナメントという画期的な方法を使って、あまねくアイデアを募集している。賞品は大したものでなくても、このアプローチは革新的な発案を生みだしうる。これについては第10章で説明する。

第11章は予測市場についてだ。製品や映画が成功するか、天気は悪くなるか、リーダーが失職するかなどについて、人々に自らの金を賭けさせるものだ。予測市場は、この章で語られるように、驚くほど正確であることを証明している。第12章では、一般の意見を求めることから集団が多くを学べることを示す。

第13章で私たちは、謎めいた「C因子」に遭遇する。一般集団知能というもので、ある種の性格、とりわけ社会に対する感知力は、集団の行動を向上させる。賢い集団の秘訣は動機付けと枠組だが、ある種の性格が役に立つこともある。集団はそのような性格を育てたり、生みだしたりすることもできる。もちろん、性格は生まれつきだが、後から学べるものもある。バスケットボールの名選手マイケル・ジョーダンは学ぶことがうまかった（レブロン・ジェームズ、ごめん！）。「C因子」という点では、彼は多くを学んだ。マイケル・ジョーダンのような人物はそうそう現れないかもしれないが、様々な学びを促す集団は、他に比べてはるかにうまく行くはずだ。

Part

I 集団はなぜ失敗するのか？

Chapter

1

高邁な理想が大失敗に

管理職など指導的立場にある人は、事を進めようとするとき、徹底的に話し合おうとする。だが、それは本当に役に立つのだろうか。議論が大切、望ましいというのはどんな理由で、どんな場合なのか。

その答えを大まかに言えば、そのほうが賢明な判断に到達でき、より良い成果を出せるからということになるだろう。だが、本当にそんな効果があるのか。これは重要な疑問で、直感とか逸話とかで説明していいことではない。実証する必要がある。互いに圧力をかければ、集団のメンバーは、真実はおろか誤りについてさえ合意してしまうかもしれない。考え方が似た者同士の集まりで、しかも間違いを犯しやすい集団は、特にこうした問題に陥りやすい。多数の人々が、複雑な政策でもすぐに実施できるとか、事前調査なしで製品がヒットすると信じたりするのは、楽観論が生みだす最悪のケースである。

集団で議論しても誤ってしまう理由は、集団のメンバーにかかる圧力に二種類あるからだ。一つ目は「情報シグナル」、他人が公表した情報を尊重するあまり自分が持っている情報を発表しなくなる傾向だ。たとえば連邦政府内では、自分とは違う意見の持ち主が独自の情報を持っていると、その情報が正しいと考え、沈黙してしまうということがある。国防長官が軍事介入が適切だと確信していると、その下で働く人々は黙ってしまう。国防長官の意見に賛成するからではなく、長官はすべて承知しているはずと考えるからだ。

官民どこでも、リーダーには後光がさしており、一般人より鋭敏で利口に見えてしまうことが多い。リーダーの言う冗談は普通より面白い、知恵もある、広い視点で見る、鋭い質問をする、などなど。サンスティーンは政府内でまさにこの傾向に気づいた。官僚は時に、まだ充分に検討していない仮の判断でも、実際よりはるかに優れた判断だと思い込む。後光は自尊心の高い人にとってはうれしいものだろうが、大問題ともなりうる。楽観的な見方を後押しし、集団を誤った方向に導くのだ。心配性型のメンバーは、リーダーは正しいのかとあえて疑うことで、状況を正す重要なヒントを提示してくれる。もしリーダー自身が心配性型であれば、言い換えれば、ニコニコして人好きのするタイプであっても、頭の片隅に聞こえる「何か見落としてはいないか」という囁きに耳を傾ける人であれば、その集団を成功に導くことができる。

二つ目の圧力は「評判プレッシャー」で、自分に不利になることを避けるために黙ってしまう傾向である。他者から評価されないということ自体が圧力となるが、それが特に重要人物からの評価となると、個人的に多大なリスクを伴うことになる。企業内で人が沈黙したり、知っていることを公表しないのは、それが大したことではないからではなく、自分が愚かに見えたり、付き合いにくい相手だと見られたくないからだ。特にリーダーや他のメンバーが一つの見方に確信を持っているときには、人は声を上げにくい。ボスを怒らせたり、がっかりさせたりするほどの価値があるかと、考えてしまうからだ。

ボスの立場からすれば、その価値はある、聞かせてくれ、学ぶことがあるかもしれないというべきだが、中にはそのように考えないボスもいる。そのため、部下の多くは黙っているほうが安全だと考えるようになる。ここでも、心配性型が正しく機能すれば、大きな効果を発揮する。心配性型の部下は「周囲の目」についてはあまり気にしないし、心配性型の上司は様々な視点からの意見を歓迎するからだ。

この二つの圧力のために、集団は四つの問題に直面する。

① 集団はメンバーの間違いを正すことができないどころか、その間違いを増幅する。

②集団は、最初に発言、行動を起こした人に従うという「カスケード効果」の餌食となる。その発言や行動が集団を、不幸でおぞましい、悲劇的な方向に向かわせることになってもだ。
③集団は、メンバーがすでに持っていた方向に沿ってさらに極に走る。非常に楽観的だった集団は、集団内の議論の結果、それに輪をかけて楽観的になる。
④集団は、すでにみんなが知っている、共有の情報に注目して、共有されていない情報をないがしろにする。その結果、一人あるいは少数者が持っている、耳障りだが重要な情報を活用できない。

こうした問題ゆえに、集団はメンバー個人の間違いを正し、個人の持つ情報を集約するという最低限の目的すら達成できない。確信に満ちて、統率はとれていても、間違いを犯しやすい集団というのは、決して望ましいものではない。集団にとっても周りにとっても、非常に危険なものかもしれない。前途洋々だったはずの新規企業が失敗する。政府機関が税金の無駄遣いをする。新しい政策がうまく行かない。大企業が速やかに撤回すべきだった方針を継続する。法律事務所が裁判で成功するはずのない戦略をごり押しする。このように、集団が自滅するような、愚かな決定を下すときには、この四つの問題のどれかが働いているといっていい。

それでも明るい将来像？

世界中のあらゆるところで、集団は高邁な理想を追って、議論に取りかかる。メンバーが他のメンバーについて好印象を持っていると、理想は高いものになる。特にメンバー同士が友人で、互いを尊重し、公私共に付き合える関係にある場合はそうなる。本書では、集団が下す楽観的な決断は失敗が多いことを主に論じるつもりだが、そうは言っても、時にそれが正しいこともある。そこで、もし集団が熟議の結果成功したのであれば、そこには次の三つの原則が存在したのではないかと考えた。

① 集団がそのメンバーの中の最良な人々に同調する

メンバーの少数が持っている答えを、他のメンバーも納得し、受け入れる。集団のメンバーが人に耳を傾ければ、集団は最良のメンバーと同じレベルで行動できる。メンバーの大半あるいは一部でも、無知や間違いにつながる偏見に害されているのであれば、周囲が彼らを正すべきである。議論によって、個人の間違いを喧伝するのではなく正していく。そうすることで、集団は、賢明でもっとも正しいメンバーの判断へと収束する。

たとえば、ある製品について一五人の人間が予測している状況で、そのうちの一人がその分野の専門家で、的確に予測できるとしよう。その人物以外の一四人はすぐに専門家の存在に気づき、専門家の言うことに従うようになる。正答が公表されたときの「わかった《ユーレカ》！」という感覚である。ありきたりな例を挙げよう。マンホールの蓋はなぜ丸い形をしているのか。なぜなら、それ以外の形だったら、少しでもズレると蓋が穴に落っこちてしまう可能性があり、怪我や損害の原因となるかもしれないからだ（その通り！）。

この話ほどありきたりではないが、一見難解な問題で解決には工夫が必要な例もある。だが、いったん解決策が明らかにされると、みんながなるほどと思うものだ。そうした問題では、それについて詳しいメンバーが発表した答えに、集団は合意することが求められる。たとえば、新型のタブレットや携帯に（わずかだが）致命的な欠陥があるとか、ホームページがまだ本格的な立ち上げには至っていないとか、この軍事作戦では目的は達成できないかもしれないなど、わかる人間にはわかるということがあるのだ。

② 情報の集約――全体は部分の集合である

アリストテレスが言うように、議論を通じて人は情報を共有し、集団全体として個々のメンバーが持っている以上の情報に集約できる。ある集団には、課題の様々な側面について本当に理解している専門家がいなかったとしよう。だが、役に立ちそうな情報をメンバーがバラバラに持っているとすれば、個々のメンバーは専門家ではなくても、集団としては専門知識があると言えるかもしれない。うまく機能している企業では、分野を超えたチームを創設して、同じような方法で情報を集約している。みんなが協力して働き、互いの意見に耳を傾ければ、組織は情報を集約することができる。発電所からの大気汚染を削減するための規制案の効果について、全体像を描くことだってできるのだ。

あるいは、集団に複数の専門家はいるが、それぞれ課題に対する解決策については戸惑っているという状況を考えてみよう。この場合、議論を通じて必要な情報を引き出し、集団として実際的な判断を下すことができるようになる。この過程では、全体はまさしく部分の集合であり、部分を集合したものが求めていた答えである。メンバー一人一人はすべての部分を把握しているわけではない。

集団でクロスワード・パズルをやっているときに、このようなプロセスが起きている。メンバー一人一人がそれぞれに知っていることを提供しているからだ。多くの問題はクロスワード・パズルのようなもので、一人よりは数人、数人よりは多数のほうがすぐに答えが見つかる。それぞれに他人が知らないことを知っていて、そのように散在する情報を共有、集約するのが簡単だからだ。ソーシャル・メディアや予測市場が機能するのは、これと同じ理由である。これについては後でさらに述べる。

③シナジー——全体は部分の集合を超える

集団の議論での意見交換で情報や見方が整理され、集団が革新的な問題解決法を発見することもあるかもしれない。部分の集約を超えた解決策の発見である。こうした場合、熟議は情報集約の強力な方法であり、そこでの意見交換がクリエイティヴな答えや解決法につながっていく。自動車やタブレット、携帯の新しいデザイン、あるいは安全保障上の危機への対策でも、アイデアを交換することで、集団のメンバーの考えの単なる集約を超え、議論を始める前には誰も考えつかなかったようなクリエイティヴな解決策を生みだすことができるかもしれない。舞台の脚本を共同で書こうとしている場合でも、児童の肥満の問題についての実際的な対策を考える場合でも同じことだ。集団は多様な思考を醸成し、少数意見を受け入れられれば、画期的なアイデアを生みだすことができる。

自信と一体感

この三つのメカニズムは実際にはどのように機能するのか。ここで二つの点を明らかにしておこう。

第一に、集団のメンバーは仲間と話すことによって、自らの判断にさらなる自信を持つ。[1]集団内で交流することの最大の効果は、議論を経た結論についての確信を強くすることだ。実際にそれが正しいかどうかは関係ない。そうなる理由の一つは、他者によって裏付けられたことにより、自らの判断についての自信を強めるからだ。[2]同僚や友人に、あなたは正しいと言われれば、自分自身は迷っていた（あるいは誤りと思っていた）としても、正しいと思うようになるだろう。

自信を持つのはいいことだ。しかし、誤っていても自信があるというのは問題だ。集団討議のリスクは、自信を作り出すと同時に、深刻な間違いも生みだすというところにある。特にリーダーはこれでトラブルに陥る。集団のメンバーたちはリーダーを喜ばせたいものだ。それがわかっているリーダーは集団に対して、注意すべきことを注意しなくなってしまうのだ。

第二に、議論によって食い違いが減っていく。話し合った後、集団のメンバーは互いに同意する方向に向かう。議論に入る前、集団内の意見は分かれている。だからこそ話し合いが必要なのだ。ところが熟議の結果、（特に、密接な関係にあり、頻繁に会っているような間では）メンバーは合意する傾向にある。熟議する集団では、メンバーが自信を持っている結論に収束していく傾向にあるのだ。この点については、コロラドの例を使って後で詳しく見ていく（第4章）。

コロラドの場合、政治的な主要課題についてリベラル派、保守派ともに、派内では意見の一致が見られた一方、両派の溝は討議後広がっていた。

特定の意見に収束するというのは、その意見が正しいものであれば結構だ。だが、その意見が正しいものでなかったら、全員が確信しつつ、しかし誤った意見を共有することに終わってしまう。私たちは、集団が一致して自信を持ちながら、それでも誤っていたという状況をこれまで何度も目にしてきた。ブッシュ政権がサダム・フセインによる大量破壊兵器の保有について自信を持っていたというのがいい例だろう。オバマ政権が医療保険制度サイトの実施に当初、根拠のない自信を持っていたことも同じである。

真実対多数決

熟議をしても、メンバーの情報の集約に常に成功するわけではない。覚えておくべきは、人は他のメンバーの話や行動には注意を払うということ、そして、真実に向かって意見が収束するわけではないということだ。自分の信念は無視して、他人が信じていることを信じるようになる。ここで用心しよう。集団熟議もソーシャル・メディアも、人々に誤りを受け入れさせようるのである。[3]

最近の研究からこの例を考えてみたい。「オートミールは、悪玉コレステロールであるＬＤＬを減らす水溶性食物繊維を含んでいる」という話がある（これは真実である）。この文章の真偽について「あなたと同じような人々の多数」がつけた（「絶対に間違っている」から「絶対に正しい」までの六段階の）ランキングを教えると、人は多数意見に流される傾向がある。一人で考えても多数の意見と同じ結論であれば、もちろん多数の意見に賛成する。これは驚くことではない。また、自分自身では答えが曖昧で、どっちもありと思っているときにも、多数の意見に同調しやすい。これもまた、それほど驚くべきことではないのかもしれない。

しかし、多数の答えが誤りだったり、なぜ誤りであるかもはっきりわかっているときでも、人は多数に同調する傾向がある。これは驚きだ。ここから私たちは、「人は、その話が本当か嘘か、はっきりわかっているときでも、集団がどう信じているかの度合いに流される」という仮説を立証する結果ではないかと考えた[4]。管理職の方々は注意されたい。部下がある方針に賛成するのは、それが正しいと考えるからではなく、他のメンバーの大半が正しいと考えているのなら、と思うからなのだ。

この分野での古典的な研究によると、事実を確認する類いの質問で正答を知っているときでさえ多数の圧力は強いという[5]。研究では、一二〇〇人の人々を四人、五人、六人のグループに分けておいて、まず一人一人に本当か嘘かを答えさせる質問をした。分野は芸術、詩、世論、地理、経済、政治などである。その後、グループごとに質問について話し合い、答えを出してもらった。結果、グループごとの答えを決定する上では多数の意見が優勢となった。人は多くの人が考えることに同調してしまうのだ。

真実ももちろん影響はする。ただその度合いは低い。集団内の多数が正しい答えを選んだ場合、集団としての結論が多数に従った例は七九％だった。一方、集団内の多数が誤った答えを選んだ場合でも、集団の結論が多数に従った例は五六％もあった。

確かに七九％は五六％より高いから、真実であることが影響したとは言える。だが、優勢だったのは多数の意見だった。また、間違いの場合でも多数意見が優勢だったために、集団としての答えの平均正答率（六六％）は個人の平均正答率（六二％）よりわずかに高かったにすぎない。つまり、メンバーが持っている情報を適切に集約していればもっと正答率は高かったはずなのに、集団はそのようには機能しなかったということだ。

別の研究によれば、答えが確定している質問の場合でも、集団討議からは平均的なメンバーと同等か、わずかにいいくらいの成績しか出てこなかった。優秀なメンバーのレベルには達しなかったのだ[6]（アリストテレスの説もこれまでか）。集団のメンバーは、専門家の意見を尊重するわけではない。集団内の誰かが真実を知っているときでも、真実が勝ることはあまりないのだ。

ここから言えることは、集団が真実に向かうのは、①集団内で最初から真実が幾らかでも支持を得ていて、②その問題には明白に正しい答えがある場合だ。〔7〕②の条件を満たすのはかなりむずかしい。ビジネスでも政府でも、集団は予測で動かなくてはならないからだ。新しい部下はきちんと仕事ができるだろうか。誰を昇進させようか。この製品は売れるだろうか。環境規制で多くの人々の命を救えるだろうか。厄介なことに、こうした質問に明白に正しい答えはない。集団がメンバー一人一人より優れた結果を出せるのは、大多数の人々が正しいと納得できる答えを示せるような問題を扱ったときだ。そのような場合は滅多にないが、そんなときでさえ、明白な解決策が最初に支持されていないとうまく行かないかもしれない。

集団の判断を信じる楽天的な人には申し訳ないが。集団の判断を予測したければ、みんなが話し始める前の多数意見はどうだったかと質問するだけでいい。課題にもよるが、話し合いを始める前の人々の傾向は、集団としてどのような意見を出してくるかを予測するのにいいヒントとなる。つまり、多数が間違えば、集団もたいてい間違いを犯す。専門家集団でも同じだ。

集団熟議は、人々の意見を聞き出すための単純な方法に比べると、あまり役に立たないのかもしれない。予測について研究するペンシルヴェニア大学ウォートン・スクールのスコット・アームストロングは、「個々の予測を体系的に集約するアプローチのほうが、昔ながらの会議よりはるかに有益だ、会議では情報を効率よく使うことができない」と言っている。〔8〕これは強烈な意見だが、かなりのところ真実でもある。次に、この主張について検討してみよう。

統計集団と熟議集団

一定の条件下ではあるが、事実確認の質問に対して正答を導き出す方法としては、多数の人々に質問して平均的な答を見つけ出すのが有効なことを裏付ける証拠がある。ジェームズ・スロウィッキーが『「みんなの意見」は案外正しい』という非常に面白い著書で主張したように、集合が答えた平均的な答は結構正しい。ただし、ここでいう正確さは客観的な事実に関してのことだ。[9]

集合についての研究の多くは量的に推論できる類のものだが、それが、ビジネスや政府にとっては探し求めていた魔法のように見えるらしい。たとえば、次のような例を考えてみよう。

・初期の研究では、ヘイゼル・ナイトが学生たちに教室の温度を推測させたものがある。[10]学生の予想は摂氏一五・五度から二九・四度の範囲でバラバラだったが、平均としては摂氏二二・四度となり、これは実際の温度二二・二度に非常に近い結果となった。個々の学生の推測より精度は八〇％高い。

・瓶の中の豆の数を当てさせるとほとんどの場合、平均値のほうが、個々人の予想数より正確に近かった。たとえば、五六人の集団に、八五〇個の豆が入った瓶の中の豆の数を予測させてみたら、平均値は八七一、個人で正確な数を言い当てたのは一人しかいなかった。[11]

・イギリス人科学者フランシス・ゴルトンは集合知の有用性を検証しようとして、イングランド地域の地元の祭りで行われる、太った雄牛の体重当てコンテストに注目した。雄牛は実際には五四三・四キロだったが、コンテストに参加した七八七人の平均値は五四二・九キロ、個人の予想のどれよりも正解に近かった。[12]

このような結果を聞くと、議論ではなく、多くの人々に話を聞いてその平均をとればいいかと考えたくなるかもしれない。大企業がある製品の次年度の販売成績について予測したいとする。正確な予測に必要な数字が、労働と昇進に関するコストだった場合、営業課の人間を対象に調査し、その平均値をとればいいのだろうか。アームストロングは、多くの場合それで充分だという。[13]だが、新しく人を雇う必要があるかどうか知りたい企業の場合、熟議を経ずに、関連部署の人員の平均的な意見だけに頼って大丈夫なのだろうか。

第Ⅱ部では、こうした疑問を取り上げて、単純な算術平均をさらに向上させる方法（予測市場とデルファイ法）を論じたい。とりあえず今は、集合は熟議集団より良い結果を出すこともある。なぜなら、集合はメンバーが持っている情報を精密に取りまとめるからだ、と指摘しておこう。

人が自ら口を閉ざす二つの理由

人が他人の意見に触れると、自分の知っていることを明らかにしたり、それに基づいて行動しなくなってしまうのには二つの理由がある。

1　情報シグナル

人が自ら黙ってしまう最初の理由は、他者の発言や行動に関係する。あなたが所属する集団の大半があることを正しいと信じているとしよう。そうであれば、あなたがそれは正しいと信じても当然だ。もしかしたら、あなたは個人的にはそれは誤っていると思っていたかもしれないが、集団が正しいと信じているということで、自分自身の判断は二の次になる。つまり、あなたが進む方向に集団の大半が同意していないのだから、あなたとしては自分の持っている情報を無視するということになるのも当然だろう。集団からの情報シグナルは、個人の情報を凌駕するほどに強力なものなのだ。

こうしたことから、あるメンバーが集団内で孤立していたり少数派だったりすると、彼らは声を上げようとしないかもしれない。何もせずに、他者の発言や行動で示される情報シグナルに従ってしまう。法律事務所の例を挙げよう。メンバーの大半が法廷での勝利を楽観視している（人は非現実的なほど楽観的になる傾向が強いことはすでに見てきた）。その楽観論のおかげで、事務所内の懐疑派は自分たちの判断が誤っているか、何か誤解しているかと思って、口をつぐんでしまう。問題は、懐疑派が意見を述べなかったために、集団が重要な情報を見落としたかもしれないということだ。そして、状況によっては、それは大変な、時に壊滅的な結果をもたらすかもしれない。

誰もが知っている例を挙げよう。アメリカがキューバ侵攻を行ったピッグス湾事件だ。カストロ率いる革命政府の転覆を目論んだ、この侵攻が失敗したのは、ケネディ大統領の顧問たちが、作戦失敗の可能性を知っていたにもかかわらず何も言わなかったからだ。結局、アメリカの補給船二隻がキューバ空軍によって沈められ、二隻は逃走、四隻は予定通りに到着しなかった。充分訓練された正規軍兵士二万人を擁するキューバ陸軍は、侵攻してきた人員の多数を殺害、生き残った一二〇〇人のほとんどを捕虜とした。アメリカはキューバに対する五三〇〇万ドルの援助と引き換えに捕虜の解放を確保したが、国際社会での面目は丸つぶれ、キューバとソ連の関係強化を促しただけに終わった。

作戦失敗の直後、ケネディ大統領は「作戦遂行を認めるなんて、あまりにも愚かだった」と言ったという(14)。ケネディを支える顧問たちは、非常に優秀で才能溢れる人たちだった。経験豊かで優れた人々でさえ、侵攻に反対を表明したり、別の案を提案しようとはしなかった。中には個人的に疑念を持った人々もいたが、「弱腰と決めつけられたり、同僚の目に勇気がないと映ったりするのが怖くて、意見を主張」しなかったという(15)。

誰も疑念を表明しなかったことが、事態を決定した。会議に出席していたアーサー・シュレジンジャーJrによれば、ケネディの「トップ・アドバイザーたちは……全員一致で侵攻を支持した。……誰か一人でもこの冒険に反対していたらケネディは中止していたと、私は信じている。だが、誰も何も言わなかった(16)」。シュレジンジャーも疑念を押し殺して、反対しなかった。「ピッグス湾事件後の長い間、私は、決定的なあの会議で沈黙を守ったことを後悔し続けた。……とるに足らない質問でお茶を濁しただけで、他に何もしなかった。それは、あのときその愚行に警鐘を鳴らしても、当時の議論の状況ではひっくり返されるだけだと直感したからだというほかない(17)」。

ピッグス湾事件の例が示すように、情報シグナルの強さは、そのシグナルを出している人が何人いるのか、その人々がどれほど尊敬されているか、恐れられているか、または影響力があるかによる。集団に、その分野の専門家とされる人がいたり、専門家ではなくても尊敬を集めている人がいたりすると、他のメンバーは、その人たちの持つ権威、あるいは権威らしきものに敬意を表して、自らは沈黙する。また、人は自分だけ反対派となる状況を嫌う。一人を除いてみんながあることについて正しいと言えば、自らの感覚を無視して、全員がそれを正しいと思うようになる。

心理学者のソロモン・アッシュの実験が、この点を見事に証明した。実験は、カードに書かれた直線の長さを当てるもので、大半の参加者が、他のメンバーが一致した判断が明らかに誤っていたものであっても、少なくとも一度はその判断に同意したという[18]。つまり、人は自らの感覚を無視しても、他者に合わせるのだ。直線の長さという、目に見える単純な感覚でさえ、自分の感覚を無視して他者に合わせるというのなら、ビジネスや政府が扱うタフで複雑な問題に関してはなおさらそうするだろう。

ここでも集団は、必要な情報を投げ捨ててしまう危険を秘めている。あなたには何が見えているか。この質問に正直に答えられるようにするにはどうしたらいいか。その方法を見つけなくてはならない。

2　評判プレッシャー

自ら沈黙する理由の二番目は、声を上げて異論を唱えることがもたらす結果に関わっている。人は、（情報シグナルによる圧力のように）自分のほうが間違っているに違いないと思うから黙るのではなく、様々な社会的制裁を避けるために黙ることもあるかもしれない。ケネディ政権内ではまさに、社会的影響がメンバーの沈黙につながった。自由と正直さを重視する社会や組織でも、集団内の優勢な意見に異議を唱える人間は白い目で見られ、将来信用されなかったり、嫌われたり、話を聞いてくれなくなったりするリスクを呼び込む。

リーダーは、こうしたときに大きな影響力を及ぼす。ボスが信じていることに対して、間違っているという声は上げにくい。ビジネスや政府にはどうしても序列があり、上位にいる者は部下からの同意を強制的に引き出すことになる。上位にいるだけで、「リスクは承知の上で私に反対するのだろうな」というシグナルを送っているのだ。さらには、「面倒を起こす気なら、それなりに覚悟しておけ」というようなメッセージも送っているかもしれない。また、ボディ・ランゲージで「私は忙しいのだよ」と言っているかもしれない。ボスがボス自身の意見はまだ言っていなくても、大半の同僚の意見に逆らうようなことは言いたくなってしまうだろう。

私たちは、目の前でこうしたことを目撃しているし、実際にそういう状況に置かれたこともある。集団でリーダーの立場にある人々が、社会的制裁を課すような状況を作り出して平気であれば、他のメンバーは公に異議を申し立てなくなる（だからこそ、賢明なリーダーは他のメンバーの意見を聞いた後、最後になって発言する。サンスティーンが実際に見てきたように、大統領でさえ、他の人間たちにまず話をさせようとする。詳細は後ほど）。人数が多ければ多いほど、このような社会的圧力は強くなる。

発言に伴う費用対効果――分析枠組

これまでのポイントを一つの枠組にまとめてみたい。集団が、今後二ヵ月同じ方針を続けていたらどうなるかについて、議論している場合を考えてみよう。さらに、個々のメンバーがこの問題に関連する情報を持っているとする。メンバーたちは、自らの情報を積極的に公開するだろうか。

個々のメンバーの立場に立てば、公開することで自らにかかってくる費用と恩恵がどのくらいになるかが鍵だ。当然、情報を公開することで多大な恩恵を得る場合もある。周りからの敬意、評価、地位などを手に入れられる。賢い集団やそのリーダーは、メンバーが良き結論を導く役に立ったときには報われることを広く知らせる。これを実践すれば、集団は情報公開に伴う個人の恩恵についての考え方を変えることができる。

しかし、多くの集団はそれほど賢くはない。情報公開で得る個人の恩恵が、集団が受ける恩恵より少ないという集団もある。耳障りで、面倒な情報を公開すると、同僚から変な奴と見られ、親しく付き合ってもらえなくなるかもしれない。こうした場合、集団討議の参加者にはジレンマだ。個人の立場から見て合理的な保身策が、集団が知るべき情報を公開しないということになる。集団が良き結果を出して受ける恩恵の、ほんのわずかしか個々のメンバーには行き渡らないという状況では、こうしたことが起きやすくなる。

こんな残念な状況は、企業取締役会、宗教団体、政府省庁でよく見られる。多くの場合、恩恵を受けるのは個人ではなく組織である。法律事務所で、ベテラン弁護士の法廷戦略が的を外れていて、若手弁護士が発言する気になったとしよう。若手弁護士はそのために事務所内での立場を悪くするリスクを冒すことになる。事務所はそのおかげで得をするだろうが、そんな文句たれにすぐに報いることはないだろう。

利他主義と社会的規範がここでは役に立つ。政府では、自分には何の得にならなくても、結局自らの疑念やそれを裏付ける証拠を公開してしまう人間が多い。なぜか。彼らが愛国者で、自らの任務を立派にやり遂げたいと考えているからだ。

サンスティーンが行政予算管理局で知り合った官僚の多くは、特に強い主義主張があるわけではなく、公共の利益を第一に考え、（サンスティーンも含めて）上司に苦言を呈することも厭わない人間だった。たとえばケヴィン・ネイランド、ＯＩＲＡの副室長を長く務めた人物で、政治信条はわからないが、人格は清廉潔白、弱きを助け、強きを挫くヒーローで、波風を立てることも気にしない。ネイランドは最悪の展開を考えることが多かったので、サンスティーンは、『くまのプーさん』に出てくる悲観的なロバのキャラクターに喩えて、イーヨーというあだ名をつけたくらいだ。政治指導者にとって、一緒にいて楽しい人間ではないとしても、彼のようなタイプの人間は不可欠だ。

人の役に立ち、時に自己犠牲も厭わないという信条（「知っていることは言ってしまえ」）を貫く意志や性格の持ち主の場合は、個人的に受ける恩恵がなくても関係はない。だが、多くの集団では、利他主義を当てにするのは危険だし、疑念を公表するのは歓迎されないという風潮のほうが優勢だ。

反対派が持っている情報はおそらく誤りで役に立たないと発言すると、状況はさらに悪化する。そうした場合、反対意見の公表に伴う恩恵はさらに小さくなり、反対しようとしていた人間が意見を公表しても時間の無駄になるだけで、集団としての決定を良くすることはないと考えても当然だろう。さらに、集団のコンセンサスらしきものに異論を唱えた人間の評判が何かの形で傷つけられるようなことになっては、さらに状況は悪い。同僚やボスを信頼できなくなれば、黙っているほうがよっぽどいいということになる。

その結果、個人が到達する結果は明らかだ。沈黙は金なり、である。様々に天秤にかけて全体像を理解すると、集団のメンバーがコンセンサスらしきものに同調していく理由もよくわかる。反対意見側は、合理的に推測すれば、発言することから得ることは何もない、それどころか害を被るかもしれないと考える。それに、そもそも自分たちが間違っているのかもしれない。

これまでのところ、集団のメンバーは事実や意見を把握していて、問題は沈黙するかしないかの決断だという前提で話をしてきた。これはわかりやすくするための単純化であって、実際には、集団内でみんなが何を考えているか、よくわからない場合もある。となると問題は、少し調査をしてみたり、他人の意見を探ってみたり、集団の外の人にも聞いてみたりと、わざわざ学ぶ努力をすべきか、ということになる。

集団のメンバーが真実を確信しているのなら、「別のことを知る必要があるか。そんなのは無駄ではないか」とあなたは思うかもしれない。他のメンバーも別の意見など知りたくもなく、それを言い出す人間を罰するような雰囲気であれば、当然同じことを考えるだろう。集団はメンバーが知っていることから色々と学ぶことができる、と私たちは言いたい。どうやったら、集団がメンバーの学びを促し、学んだことを集団に伝えさせることができるのか、それもこれから論じていきたい。第Ⅱ部では、メンバーがそのように行動できるようになる、野心的な方法を探っていく。

自己検閲

最終的にはある方針に決定することにはなっても、自らが持つ情報からその決断が間違いとなるかもしれないとわかっている状況を考えてみよう。天秤にかければ、その結論になるのだが、どっちに振れてもおかしくない。そんなとき、あなたならどうするか。集団に対して、知っていることをすべて話すか、それとも、自分の決定の裏付けとなることだけを知らせるか。

そのような場合、人は自己検閲をかける傾向が強い。自らの結論に反する情報は、他者と共有しようとはしない。五〇〇人を対象に模擬裁判を行った実験では、陪審員が自らの結論に矛盾する情報を言い出した例は一つもなかったと言っていい。[19] このような自己検閲が行われると、集団に重要な情報が行き渡らないという問題を引き起こす。集団もリーダーも、メンバーの結論だけでなく、そうした結論を導くに至った様々な要因について知っている必要がある。

このような形の自己検閲は、説得方法として意図的に行われることもあるかもしれない。自らの結論と矛盾する情報を提供するのは、自分を不利にするからだ。なぜ、わざわざ相手側に攻撃材料を渡さなくてはいけないのか、ということである。だが、メンバーの意図が善きものであっても、同じ効果を生む。メンバーは、結論に達する過程ですでに否定した情報をあえて公表する気にはならない。方法論としてとか、戦略的にとかではなく、間違い、曖昧、無価値などとすでに自ら判断した情報を発表するのは逆効果だと感じるからだ。だが、そのおかげで集団はここでも、メンバーが持っている、ひょっとしたら重要な情報を共有できなくなる。

少数派と下っ端

熟議集団では、少数派の立場にいる人々が沈黙してしまうか、まともに意見を聞いてもらえないかの状況に置かれてしまうことは、情報シグナルと評判プレッシャーの二つから説明できる。さらに具体的に言えば、教育レベルが低い、アフリカ系アメリカ人である、時に女性であるということも含めて、地位が低い人々のほうが発言することが少ないし、議論の場では高い地位にある人々よりも影響力は小さい[20]。

情報シグナルと評判プレッシャーが与える影響力は、地位の低い人々に対するほうが大きいことがその理由である。繰り返しになるが、そのために集団全体には残念な結果が訪れる。メンバーが持っている情報を集約できていれば達成できたはずの成果をはるかに下回ることしかできなくなるのだ。

それでは、集団が失敗する最大の理由を四つ、次章から検討していこう。

Chapter

2

増幅される間違い

人が間違いを犯すことを証明しても、ノーベル賞はもらえない。だが近年、どんなときに、どのようにして間違いを犯すかについては、行動経済学がかなりの研究成果を出してきた。そのせいか、最近のノーベル経済学賞受賞者のうち、少なくとも五人は行動経済学に関係する学者になっている。二〇〇〇年のダニエル・マクファデン、二〇〇一年のジョージ・アカロフ、二〇〇二年のダニエル・カーネマン、二〇〇五年のトーマス・シェリング、そして二〇一三年のロバート・シラーである。

ゴミを入れれば何が起こる？

最大の研究成果は、人間が間違いを犯す理由と状況を具体的に明らかにしたことだ。人を間違いに導くメカニズムの解明である。人はヒューリスティック、つまり心理的な近道を用いるがゆえに、予想される間違いを犯す。よくある先入観に捉われているがゆえに、システム・レベルで間違いを犯すのだ。[1]ヒューリスティックや先入観は、すでに見た「システム1」と呼ばれる認識系統に直結していて、素早く、特に努力もなしに、本能的、自動的に機能するシステムだ。ここでは主眼である集団、特にビジネスと政府の分野での集団行動にもっとも関係が深い常識的方法と偏向に焦点を当てて、この流れを簡単に説明してみよう。

1　利用可能性ヒューリスティック

人は、将来の見込みが立ちにくい問いに対して、「利用可能性ヒューリスティック」を用いるため、間違いを起こす。たとえば、テロ攻撃がありそうか、ハリケーンが来そうか、渋滞しそうか、原発事故が起こりそうか、性感染症の可能性がないか、あるいは、製品は売れるか、改革は成功するか、新作映画やテレビ番組がヒットするかこけるか、などについてである。

このような将来の見込みについて利用可能性ヒューリスティックを用いるというのは、パッと頭に浮かぶ例から考えるということだ。たとえば、適当に選んだページに出てくる単語について、「ing」で終わる単語のほうが語尾から二番目が「n」になっている単語より多いと答える人が多い。そんなことはありえないのだが、「ing」のほうが思い出しやすいために、間違いを犯してしまう。〔2〕このような実験結果は、リスクに対する政府や民間の反応に関係してくる。人は犯罪の危険性や地震、環境災害に対して反応しやすいが、これはそうした例がすぐに頭に浮かぶからなのかもしれない。

企業や政府において、人は誰もが知っている過去の失敗例（あるいは成功例）に反応する。ある戦略やアプローチの過去における大失敗は記憶に残り、その失敗を念頭に現在の決断を下す。政治家は誰も「ヴェトナムの再現」とは言われたくないし、「第二のネヴィル・チェンバレン」〔訳注・ナチスドイツに対して宥和策をとった英首相〕とも言われたくない。外交政策は時に、類似の例に影響されて決定される。これは必ずしも最悪の方法ではないが、当てにしていい方法でもない。企業は、直近で大金を投じた企画が大失敗に終わった経験があると、少しでもその企画に似たものは、たとえ有望なものであっても避けようとする。利用可能性ヒューリスティックに捉われると、誤った方向に向かってしまうかもしれない。精密な統計分析に比べると、はるかにまずい方法だ。

この方法は、人種、性別、年齢、障害についての差別の元にもなっているかもしれない。女性従業員が家族の世話をするために仕事を辞める例のほうが頭に浮かびやすければ、性差別は起こりやすい。企業が従業員に関する決定を下すとき、利用可能性ヒューリスティックが間違いを引き起こすリスクは常にある。適切な決定を下すには、その人物の実績全体を見るべきで、ちょっとした印象とか、その人が過去に良かったあるいはダメだった人を思い出させるとかで決めてはならない。マイケル・ルイスが書いたベストセラー『マネー・ボール』はこの点を証明するのにうってつけだ。野球の才能を見抜くには、個人的な印象より統計分析のほうが勝ることを示しているが、これはどんな才能を見抜くのにも通用する。

身近であることが、却って思い出す事例を限定してしまうこともある。だが、目立ちやすさというのも大事だ。テロ攻撃は、新聞記事よりもテレビ映像のほうが視聴者には生々しく、身近に感じる。[3] 人間の行動はこれでよく説明できる。たとえば、災害保険に加入するかどうかは、近々の経験に影響される。[4] 地震直後には人はにわかに地震保険への加入を考えるが、その気持ちはそこをピークに、生々しい記憶が徐々に薄れていくにつれ弱くなる。

利用可能性ヒューリスティックは不合理ではないが、深刻な事実誤認にも結びつきやすい。洪水やハリケーンの後は、それへの対策を怠らないだろう。だが同時に、その他の滅多に起こらない災害については、それほど、あるいはまったく用心しない。企業では、利用可能性ヒューリスティックに頼りすぎると、特に最近の事例やパッと思い浮かんだ事例をよくあることだと一般化してしまうと、とんでもない間違いを犯してしまうこともあるかもしれない。

『マネー・ボール』はオークランド・アスレチックス監督のビリー・ビーンの成功を描いた本だが、野球では直感や感情、逸話、時に実績も信用せず、慎重な統計分析を用いることが重要であると述べた。そのアイデアは今では、政府も含めて様々な分野で採用されている。決定する立場にある者は、利用可能性ヒューリスティックに頼ることなく、自分なりのマネー・ボールを実践すれば、今までよりうまく行くだろう。マネー・ボールは、「システム2」を強化して、「システム1」が生みだす間違いに対して備える方法だと考えてもいいかもしれない。

2　代表性ヒューリスティック

人はまた、「代表性ヒューリスティック」傾向がある。つまり、何かが起こりそうかという判断において、似たようなことや類似したもの（形やその他の点でAがBにどの程度似ているか）についての評価に左右される。[5] 求人に応募してきた人間が有能な経営者の「ように見える」と、あなたの判断に大きく影響する。たとえば、ベテランのスカウトは、外見が野球選手らしいかどうかに注目するという。ビリー・ビーンだったら、「俺たちはジーンズを売っているわけじゃないんだ」というところだ。彼はそれらしく見えるかは無視し、選手のプレー中の映像ではなく実績を示す数字を検証した。

代表性ヒューリスティックを表す有名な例がある。リンダという架空の女性がどんなキャリアを積んでいくかについて質問したときの回答だ。まず、「リンダは三一歳、独身で、はっきりと意見を言う、頭の良い女性。大学では哲学を専攻、学生時代は差別や社会正義の問題に強い関心を持ち、反原発運動にも参加した」と説明される。(6) そして、人々にリンダが進みそうなキャリアを八種類示し、可能性の高い順に順番をつけてもらう。選択肢の中で肝心なのは二つ（八つの選択肢の多くは選択肢の数を揃えるために入れたもので、精神障がい専門のソーシャルワーカー、小学校教師などがそれにあたる）、「銀行の窓口係」と「銀行の窓口係で女性運動に熱心」だけである。

尋ねられた人々のほとんどが、リンダは単なる銀行の窓口係より、銀行の窓口係で女性運動に熱心というほうを選んだ。実はここに明らかな誤りがある。AとBという二つの特徴があるほうがAだけより可能性が高いと思い込んでしまう「連接の誤り」という論理的誤謬である。この誤りは代表性ヒューリスティックに根ざしている。描かれたリンダの様子は、私たちが「銀行の窓口係で女性運動に熱心」という女性について持っているステレオタイプにぴったり合うのだ。ポール・ロージンとキャロル・ネメロフの二人が「共感呪術的思考」と呼んだ状況も代表性ヒューリスティックから説明できる。（特に不快な）物事には伝染性があるとか、原因と結果は似るものだとかいう信念などがそれにあたる。[7] 代表性ヒューリスティックによって成功することはよくある。しかし、ビジネスや政治では大失敗を引き起こすこともある。代表性ヒューリスティックに頼って、決断まで借りてしまってはうまく行かないことが多い。

リンダの例のように、体系的、合理的プロセスではなく代表性に頼っていると、ステレオタイプを生みだしやすく、間違いが起こる。たとえば、マルコム・グラッドウェルは、ウォーレン・G・ハーディング第二九代米大統領（在職任期一九二一〜二三）の指導力について人々が過大評価していた例を挙げる。その評価は、ハーディングが「大統領っぽく」見える、また、彼の外見や仕草がいわゆる政治指導者のイメージに合っていたことから生まれたという。[8] 他にも、有能そうに見えるからとか、単に背が高いからとかで投票してしまうという「ハロー効果」も、私たちが指導者について抱いている典型的なイメージに合っているからのことで、これも一部、代表性ヒューリスティックがなせる技である。[9]

3　フレーミング効果

人間は「フレーミング効果」の影響を受けやすい。決断はどのような枠組で行われるかに左右されることで、枠組の違いが実際の違いではなく、単に言葉だけの違いであっても同じことだ。問題をどのように提示するか、あるいは人がそれぞれの見方に従って、問題をどのように提示・定義するか、それがここで言う「枠組」である。同じ決断でも、「失うものは何か」といった側面から考えてもいいいし、「得るものは何か」から考えてもいい。「何を選ぶか」でもいいし、「何を断るか」でもいい。肝心なのは、最終決断に枠組が大きく影響するということである。たとえば、人は、術後五年の生存率が九〇％と言われるほうが、術後五年の死亡率が一〇％と言われるより手術を受ける気になる。「脂肪分を九〇％取り除いた」肉製品のほうが「脂肪分一〇％」の肉製品より買いたい気になる。節電すれば「一年で六〇〇ドル」節約できますと言われるより、節電しなければ「一年で六〇〇ドル」損をすると言われたほうが節電する気になるものだ。

損得の枠組が及ぼす効果の中で、もっとも興味深い例がリスクを伴う場合で、人々の選択に及ぼす微妙な影響である（「生存」は得の枠組、「死亡」は損の枠組であり、同じように「脂肪分を九〇％取り除いた」は得、「脂肪分一〇％」は損となる）。残念ながら、私たちは時に、どうあっても損をするしかないという選択肢に直面することがある。どちらも損の枠組でしか考えられない決断に迫られると、人は用心してリスクを避けるという態度を捨て、リスクを求める方向に向かう。特に、その行動によって、とりあえず現況に復帰できる、あるいは損も得もしない状況に留められることが予想される場合（もちろん確証はない）、人はそうした行動に出やすい。ギャンブラーがとにかく元手だけは取り戻そうと、とんでもない賭けに出て、たいてい失敗するというのがその好例だが、医療、ビジネス、政府の決断など、社会的に重大な状況でも似たような例が数多くある。

人が問題そのものより枠組のほうにかなり左右されるのが理にかなったことなのかについては、その程度も含めて議論の余地がある。しかし、人が選択肢の描かれ方に影響を受けて行動することには疑いの余地はない。言葉巧みに描写されるだけで、内容の違いを示すものではないにしても、枠組としては効果的なのである。

4　自己中心性バイアス

もしあなたがごく普通の人ならば、「自己中心性バイアス」に蝕まれているはずだ。他人も自分と同じように考え、行動するという思い込みである。自分の思考や好みはごく当たり前のものだと思い込んでいる。どのくらいの割合の人が土曜に映画を見に行くか、ボブ・ディランのファンか、テイラー・スウィフトのファンか、ある候補者を支持しているか、スティーヴン・スピルバーグの最新作がアカデミー賞を受賞するかなど質問してみると、それぞれの好みに偏った答えが返ってくるのだ。

このような偏向は間違いの大きな元となる。たとえば、ある候補者の支持者はその候補者の当選の可能性を過大評価する。先例があったにもかかわらず、同じことが繰り返される。この偏向は避けがたい。会社でも同じだ。ある製品が大好きであれば、他の人たちも好きになるはずと思い込む。作る側は自分たちの製品は好きだろうから、他人が見ても魅力的な製品だと過大評価するようになってしまう。

他の偏向についてはすでに触れてきた。そのそれぞれについて幅広い文献があるが、ここでは、ビジネスに関して特に重要となる点をいくつか挙げてみよう（ただし、これは恋愛にも関係してくることだ）。[10] ある方針の行動がうまく行っていないとき、人は損失を減らすべく動くのではなく、その方向にさらにコミットしようとする傾向がある。人は、「非現実的なほどに楽観的だ」。九〇％のドライバーは、自分は他のドライバーより安全運転だと信じている。直面するリスクのほとんどに関して、人は現実的な見込みより少しだけいい見方をしている。

同様に、人は「自信過剰」にも陥りやすい。特に投資に関する決断を下すときがそうだ。自分の予想は、実際はそれほどでもないのに正確で精度が高いと信じる「精度過多」の傾向を示す。お気に入りの投資が年末にどのくらいの価値になっているか、できる限りの予想をしてくれと言われて、「一株七四ドル」と答えたとしよう。あなたは九割がた、その予想前後の株価になると思っている。つまり、予想の範囲外の株価になって驚くのは一〇回に一回くらいのことだと。しかし実際には、普通の投資家なら一〇回に一回以上、予想外の事態に直面している。[11]

前に「計画錯誤」の話をしたが、これは楽観論と自信過剰に密接に関連している。[12] 小規模プロジェクト（期末レポート）から大規模プロジェクト（ボストンでハイウェイを地下化して市内を通した通称ビッグ・ディッグ・トンネルやソチ・オリンピック会場現場）まで、あらゆるプロジェクトは予算オーバーになり、完成も当初の計画より大幅に遅れるのが常だ。だから企業はやり慣れたプロジェクトであっても、見積もりを作成するときには実際の計算の二倍以上を予想する。だが、それでも低すぎる見積もりが出来上がる。どうしてそんな間違いが起こるかというと、そのプロジェクトについて唯一のシナリオだけを想定する、近視眼的な見方をするからだ。そうすると、無数にある不測の事態について考えが及ばなくなる。競合する仕事のための中断、供給チェーンの不備、共同事業者の予想外の破綻、天気などの「神の仕業」等々について考えないから、いかにも首尾一貫した、過度に楽観的な話になってしまうのだ。

人間はまた、「後知恵バイアス」にも侵されていて、事がある方向に進むと「そんなこと始めからわかっていた」と考えてしまう傾向がある。[13] 後知恵バイアスの最大の問題は、学ぶチャンスを減らしてしまうことだ。始めからこうなるとわかっていたと誤って思い込み、結果に驚くことがないと、その状況について再検討し、修正しようとしない。そのため、次に同じような判断に迫られたときに同じ間違いを繰り返すことになる。

最後に、人は、「埋没費用《サンク・コスト》の誤謬」の犠牲になる。すでにかけたコストに対して合理的に行動できないということだ。[14] 大枚をはたいてコンサートの切符を買った（またはヘルスクラブの会員になった、戦争に賭けた）となると、それに関心がなくなっても、あるいは（少なくとも外から見ると）負け組に入ってしまっても、そのまま続けていこうとする。こうした誤りをどう正すかについては、第Ⅱ部で探っていきたい。

出てくるゴミ

本書の目的から見てもっとも重要な疑問は、集団は個人が犯す間違いを避けることができるのか、である。だが、それは大抵無理筋で、「ゴミはゴミを生む」という言い回しをまざまざと証明している。あたかも個人の失敗を集団でカバーしようという意欲を挫くようだ。実際、集団決定においては個人の誤りは単に繰り返されるだけでなく、増幅されてしまう。「わずかなゴミが大量のゴミを生む」とでもいうべきプロセスである。

ビジネスや政治の世界での集団行動に関連して、特に心配な観察結果がある。集団は個人より、失敗が予想される方向へのコミットメントをさらに強める傾向にある。自分が属する集団への一体感が強い人間はなおさらだ。[15] 事が目的から逸れるようになると、うまく行かせたいという一心から、当初の計画を一層推し進めようとする人間が出てくるのはお馴染みの光景だ。

この点では集団のほうがタチが悪い。企業や州政府、さらには国家までも、明らかにうまく行っていないプロジェクトや計画に固執する理由を理解する鍵がここにある。企業が売れない商品を売り続けるという誤った方針を変えないのは、単に集団力学のせいである。国家が、国民のためにならない経済政策や外交政策を継続するのも同じ理由だ。

計画錯誤については、個人より集団のほうが状況を悪化させることはすでに述べた。これも、集団のほうがはるかに楽観的になるリスクを負っていることを反映している。他にも、集団には次のような問題点があることがわかってきた。

- 代表性ヒューリスティックに注目する度合いが、弱くなるどころか強くなる[16]
- 集団のほうが、集団内の個人より非現実的なほどに自信過剰となる[17]
- 個人よりフレーミング効果の影響を受けやすい[18]
- 弁護士の意見であれば、いい加減なものでも左右されやすい[19]
- 埋没費用の誤謬に惑わされやすい[20]

代表性ヒューリスティックの作用をよく表すものだが、連接の誤り（二つの出来事が同時に起こる可能性のほうが、どちらか一方だけが起こる可能性が高いという思い込み）が起こる割合が個人レベルで高い例では、集団が同じ誤りを起こす割合は減るどころか増えてしまうことがわかっている。逆に、個人のレベルで起こる割合が低い例では、集団ではさらに低くなる。[21]

このような偏向には裁判制度も無縁ではない。たとえば、個々の陪審員が、裁判前に被告が有罪であるかのような誤った評判を聞いたり、単に被告の容姿に良くない印象を持っていたなどの理由で、偏見を持っていたとしよう。その場合、陪審員団は個々の陪審員の偏見を正すのではなく、増幅してしまう可能性が高い。[22] これは陪審員団に限ったことではなく、あらゆる集団の決定に関係してくることである。従業員個人が、意味も根拠もなく何らかの偏見を持っている場合、集団ではその偏見がさらに強いものになる。

決断に関わってくる偏見のすべてが集団ではさらに強くなると言っているのではない。偏見の中には、集団が個人の偏見を繰り返しはしても、強めないものもあるし、弱めるものもある。個人に比べると、集団のほうが、利用可能性ヒューリスティックに頼る度合いが、わずかながら低いことが示されている（この傾向は明らかな間違いにつながる可能性があることを思い出してほしい）。[23] また、人には突出した数字に流される傾向（「アンカリング」）があるが、それも集団の熟議によって多少なりとも矯正される。後知恵バイアスも自己中心性バイアスも同様だ。だが大局的に見れば、個人の偏見が集団で組織的に正されることはなく、悪化してしまうことのほう多い。

ゴミが増えるのはなぜか

個人の間違いが集団レベルで増幅されることこそあれ、正されることが少ないのはなぜか。情報シグナルと評判プレッシャーの話をしたが、この二つが作用しているからだ。

たとえば、ある集団でメンバーの大半にある間違いを犯す傾向が見られるとしよう。過半数がその間違いを犯しているとすれば、メンバーの多くは自分以外のメンバーが同じ間違いを犯している様子を見ることになる。彼らが目にするのは「社会的証拠」、何が正しいかについての情報を伝えるものである。専門家でない限り、人は「大半の人が同じ間違いを犯しているのなら、それは間違いではないのかもしれない」と思いがちだ。評判プレッシャーも作用している。メンバーの大半が間違いを犯しているときには、それ以外のメンバーも空気が読めないとか、バカな奴とか思われたくないがゆえに同じ間違いを犯すようになる。集団がそのメンバーの失敗を増幅してしまう大きな原因は、評判プレッシャーなのだ。

確かに、集団の熟議で偏見が正されたり、弱くなることがあることも証明されている。これはいいニュースだ。直感的に解決が見つかる「わかった！《ユーレカ》」的問題の場合は、メンバーが何かしらの偏見に基づいた意見から始めたとしても、集団は成功する。ここは重要なポイントだ。

ここに、集団をより良く機能させるヒントが隠されている。言われてみれば、その解決策は正しいとメンバーが認知すると、皆それに収束させようとする傾向のことだ。このように一つの真実に収束する傾向が起こるのには、三つの要因がある。

①人が単純に、正しいことを正しいと認識できる場合。頭のどこかにはあったのだが、それを思い出せなかっただけだったので、聞いてすぐに、なるほどと納得できる場合である。

②正しい答えを発表した人物に説得力があり、論理的にその有効性を証明できる場合。

③その人物がその分野での権威であり、誰もその権威を否定できない場合。交通問題についての評価では高速道路のエンジニアが権威であり、医療分野は医者が専門だ。

このように考えると、集団が「わかった！」と言える状況を増やすにはどうしたらいいかが課題になる。

集団はまた、自己中心性バイアスの克服においても、個人よりうまくできる。わかりやすい理由がある。個人のレベルでは、自分の好み、つまり好きか嫌いかだけを考えてしまいやすい。アメコミの『キャプテン・アメリカ』の新作映画に夢中ということもあるだろうし、ロナルド・レーガンの絵がデザインされた、派手なピンクで丸い新型携帯が大好きで買わずにいられないという人もいるだろう。周りの人間にそう話せば、変わっているねと言われるのがオチだ(ちなみに、著者の一人も『キャプテン・アメリカ』の新作映画に夢中だ)。

ここから、集団が多様な意見を持つことで得るものがあることを理解できれば、人々も、みんなが自分と同じ意見を持っているのではないことを理解できる。そうすれば偏見はなくなっていく。こうした状況では、集団の熟議は重要な矯正策となる。集団が同じような考えの持ち主ばかりで成り立っているとそうは行かない。このような集団では偏見が強まるだけかもしれない。

利用可能性ヒューリスティックによる偏向が集団ではわずかながら弱いのは、これが理由かもしれない。集団のメンバーたちはそれぞれ自分の頭に浮かぶことを頼りにするかもしれないが、記憶は異なるから、集団レベルでは関連する情報をより広くカバーできる。後知恵バイアスも、集団のほうが個人よりも多少は影響を受けにくい。[24] 後知恵バイアスの影響を受けていないメンバーは他のメンバーに対して、それは偏見だと説得できるかもしれない。あるいは、(後知恵なしで)純粋に結果に驚くメンバーもいるかもしれない(そうすれば、個人レベルの後知恵バイアスの影響は弱くなる)。

だが大事なのは、集団討議は、個人の間違いを取り除くことはできず、逆に増殖、増幅させることのほうが多いという点だ。個人が強い偏見を持っていると、集団は平均的、中間値的なメンバーよりさらに強い偏見を示す。偏見は弱くならない。それが、集団が失敗する最大の理由である。

Chapter

3 カスケード効果

集団のメンバーが互いに影響し合う状況で間違いが増幅されることは、研究者の間ではすでによく知られている。人という動物はそもそも社交的な存在で、用いる言語は、動物世界でもっとも精緻で、楽しい社会的メカニズムである。脳は生まれつき他人と同調し、真似をするようにできている。[1] 人類という種では感情は伝染する。肥満も伝染するようだが、幸福感についても同じかもしれない[2]（ある行動経済学者は、「配偶者以上には幸せになれない」を人生の法則と呼ぶ）。「群れたがる」のは、人間集団の根源的な行動と言っても過言ではない。

疑うのなら、音楽ダウンロードについての優れた研究を見てみるといい。[3] 社会学者のマシュー・サルガニクらが行った研究によると、曲がヒットするかどうかは多分に運にかかっているという。特に、発表当初の人気のわずかな差が、最終的な結果に大きな違いを生む。ビジネス界では、多くの人々がすでに気づいていることなのだが、まだまだ知れ渡っていない。発表直後の人気不人気の影響の度合いを過小評価し、製品独自のメリットを過大評価することが多い。

サルガニクらが行った研究はこうだ。被験者集団を作り、複数の新人バンドの楽曲四八曲から一曲以上を聴いて、ダウンロードしてもらった。この集団では、曲の良さや個人の好みが曲の選択を左右した。被験者個人には他の被験者が好きだとか、ダウンロードしたとかいう曲については知らせていない。どの曲が気に入るかは、それぞれ個人の判断に任せられた。評判プレッシャーの効果を確かめるために、サルガニクらは別に八つの亜集団を作り、その集団のメンバーには、同じ集団内でどの曲を何人がダウンロードしたかがわかるようにした。

つまり、サルガニクらは評判プレッシャーと消費者の選択の関係を試してみたのだ。結果はどうなったか。他者の行動を知ることができる場合、ここではダウンロード回数という形で他の人が何を選んだかがわかる場合、結果に違いは出るだろうか。

大きな違いが出た。（最初の被験者集団で）最悪とされた曲がベスト1になったり、最高とされた曲が最下位になることこそなかったが、「それ以外は何でもあり」という結果になった。最初の時期に盛んにダウンロードされて勢いを得た曲は人気が出た。そうでない曲は不発に終わった。サルガニクとダンカン・ワッツは後に、人気というのは思い通りに何とでもできるもので、結果を操作することなど簡単だと述べている。[4] ウェブサイトが（嘘でも）ある曲が盛んにダウンロードされていることを示すと、その曲には大きな勢いがつき、最終的にはヒットとなる。ジョー・ケネディは息子ジョン・F・ケネディの著書『勇気ある人々』が出版されるとすぐに何万冊を買い占めたと言われている。この本は結局ベストセラーとなった。頭のいいお父さんである。

製品を市場に出そうとしている会社はここから学ぶべきだ。また、集団内で適切な情報を収集して、可能性をみんなで検討する前に、リーダーが自分が進めたい方針を発表してしまうような愚かな集団もここから学んでほしい。当たり前のことではあるのだが、ここに来て揺るぎない証拠が突きつけられたのだ。プロジェクトでもビジネスでも、政治家でも高貴な目的でも、最初にかなりの支持を取り付けられれば、それがその集団の選択となる。支持がなければ、内容だけでは勝負できないものであってもだ。集団の大きさに関係なく、これは同じように起こる。集団内で最初に声を上げた人物が特定の方針を推したとする。集団としてはおそらくその方針を支持することになるだろう。最初に声を上げたのが別の人物であったら、そうはならなかったかもしれない。

製品がヒットすると、それは当然と思いがちだ。『モナ・リザ』は世界でもっとも有名で評判の高い絵画になるべくしてなったに決まっている。他の肖像に比べようもなく謎めいていて、魅きこまれずにはいられない。ビートルズは成功する運命にあった。ハリー・ポッターのシリーズは出版史上もっともヒットした作品の一つだ。素晴らしい本なのだから、当たり前だろう。このような考え方には用心しよう。なぜなら、必然はしばしば幻想にすぎないからだ。ここでそれを証明することはできないが、本当だ。ちょっとした運の違いで、モナ・リザもビートルズもハリポタも、無名で終わっていたかもしれない（事実、今では誰もが知るこの三つも、当初は運に恵まれなかった。予想外に人気に火がつき、一躍注目の的になったのである）。

集団も、必然という感覚に襲われることがある。最終的に全員共通の見方となったのは、そこに収束することになっていたからだという感覚だ。この感覚にも用心されたい。これもまた、しばしば幻想でしかないからだ。集団の結論は、誰が最初にしゃべったかというような偶発的なことの結果かもしれない。我々はそれを、集団討議の偶発的副作用と呼ぶ。「ボスが最初」という議事進行の下では、「部下が最初」という進行とまったく異なる結果を生みだすかもしれない。

抜け目のない管理職はこの点をよく心得ていて、特定の人物が特定のタイミングで発言するように議事をコントロールする。連邦政府内では、そんな達人がもっとも有能なリーダーの中にいる。彼らは議論の分かれ目のような重要な局面で、同意見の人物に発言させれば、議論を動かすことができることを知っている。管理職の皆さんへ一言。自分と同意見の人物に気を配り、そんな人に早めに、そして頻繁に発言させよう。もう一言。自分が正しい答えを持っていないときには、これはしてはいけない。

「いいね」票と「いまいち」票

他にも、我々の主張を裏付ける（そして、必然という幻想を消し去ってくれる）研究がある。レヴ・ムチニク、ヘブライ大学教授（エルサレム）が同僚と共に行った独創的な研究だ。それは、ウェブサイトで様々な筋のストーリーを見せて人々にコメントを投稿してもらい、さらにそのコメントに対して賛成（いいね）、反対（いまいち）の票を投じてもらうという実験だった。投稿されたコメントには、「いいね」票から「いまいち」票を引いた数字でスコアをつける。さらに評判プレッシャーの作用を計量化するために、次の三つの条件を設定した。①「いいね」判定、コメントが投稿されるとすぐに自動的に作為的に「いいね」票が投じられるようにしてあるもの、②「いまいち」判定、コメントが投稿されるとすぐに自動的、作為的に「いまいち」票が投じられるようにしてあるもの、③調整判定で、投稿されたコメントに作為的なシグナルが何も付記されないものだ。そして、何百万の利用者を無作為にこの三つのどれかに設定した。知りたかったのは、最初についた「いいね」、あるいは「いまいち」票が最終的にどのような影響を及ぼすかだった。

サイト利用者がごまんといる（その判定も何十万とある）中で、最初の一票などに何の意味もあるわけはないと考えるかもしれない。確かに、いいコメント、悪いコメント、様々あって、最後には質がモノを言うはずだ。尤もな言い分だが、もしそう考えたとしたら、それは外れだ。最初に「いいね」票を見た利用者は（まったく作為的に付け加えられた票であるのに）、そうでない人より「いいね」票を投じる割合が三二％も高くなるという結果が出たのだ。五ヵ月間続けた後には、最初に「いいね」票がついたおかげで、評価の平均値が二五％も好意的な方向に上がった。おまけに、投票率（投票総数）までかなりの割合で上がっていた。

だが、「いまいち」票については同じ状況が見られないという興味深い結果が出た。確かに、最初に「いまいち」票がついていると、次の利用者も同じように「いまいち」票を投じる傾向は強かった。しかし、その傾向はすぐに是正された。同じく五ヵ月間の後、作為的につけられた最初の「いまいち」票が評価の平均値に与えた影響はゼロとなった（投票率は上げている）。ムチニクらは、「好意的な方向の評判プレッシャーは積み重なり、評価バブルの傾向を引き起こす。一方、否定的な方向の評判プレッシャーは集団的矯正が行われ、効力を失う」と結論づけている。彼らは、この結果は製品の宣伝、株式市場の予測、さらに有権者調査に役に立つと考えている。最初に、ほんのわずかでも好意的な反応を見せておくと、最終的な結果に大きな影響を及ぼすかもしれない。サルガニクらのポップ・ミュージックについての調査に通じる結論だ。

一つや二つの調査、しかもお金が絡まない調査から大々的な教訓を引き出すことには気をつけなくてはならない。しかし、集団が製品や候補者、政治的運動、思考などである方向に動き出すとき、それはその対象独自のメリットによってそうなるのではなく、最初の支持票が持つ機能によるものである。これは間違いない。集団がとんでもなく予測不可能であり、しばしば見識不足を露呈するのも、これでわかる。ムチニクらの調査は大規模集団を対象にしたが、小さな集団でも同じことは起こりうる。ある計画、製品、評決に対する最初の支持票が他者の投票に大きな影響を及ぼすとすれば、その影響力は小さな集団でのほうが劇的に強くなる。

殺人事件の発生件数

集団の見識と評判プレッシャーを試すわかりやすい実験がある。第1章で見たように、大規模集団での評価の中間値は驚くほど正確に出る（このテーマについては第8章でさらに検証する）。だが、集団のメンバーが他者の意見を知っている場合はどうだろう。そうした知識は役に立つと考えるかもしれないが、実際はもっと複雑な様相を呈している。

チューリッヒの研究者ヤン・ロレンツは同僚と共に、スイスにおける暴行やレイプ、殺人事件の件数を人々に当ててもらうという調査を行った。[5] 結果、他者の予想について知らされている場合は、意見が割れることが少なくなることがわかった。群衆が賢明でなくなる傾向を示す結果だ（意見の違いが少なくなるとはいえ、それでも群衆のほうが平均的な個人よりは正確である）。[6] ロレンツらは群衆について、問題をもう一つ発見した。人は他者の意見を聞くことによって自信を深めるということだ。特に、正しい答えを出すと金銭的な報酬を得られる場合は、間違えれば自分にとって損になる。他者のご機嫌をとろうとして、間違えるわけではない。ロレンツらは、意思決定に携わる者から見ると、集団からのアドバイスが「まったく見当違い」に思えることがあるという。集団のメンバーが意見交換をしている場合は、それが少ない。

サルガニク、ムチニク、ロレンツがそれぞれに行った研究には違いもあるが、共通点が一つある。すべて、社会的カスケード効果に関するものだということだ。カスケード効果は、人が互いに影響しあい、その結果自分の持っている知識を無視しても公表された他者の意見に頼るようになるときに発生する。評判プレッシャーの二つの形態に呼応して、カスケード効果にも二種類ある。①情報カスケードと、②評判カスケードだ。①情報カスケードの場合、人は他者がもたらした情報への敬意から口をつぐんでしまう。②評判カスケードの場合は、人は他者から非難されないように口をつぐんでしまう。

情報カスケード

カスケード効果が起こるのは議論のときとは限らないが、熟議や集団での決定時にカスケード効果は起こりやすい。カスケードが起こるとき、人は自分が知っていることのすべてを打ち明けようとしなくなる。その結果、集団は重要な情報を把握することができず、良くない決定をしてしまう〔7〕。

1　情報カスケードの実態

情報カスケードがどのように起こるのか、新規事業を認可するかどうかを決めようとしている会社を例に見てみよう〔8〕。対面での会議などで通常行われるように、集団のメンバーは順に意見を述べるとする。全員、何をすべきかについて何かしら自分だけの情報を持っている。しかし当然、他者の意見にも耳を傾けなくてはならない。

アンドリューズが口火を切った。彼は、その新規事業を認可すべきだとする。バーンズは初めて、アンドリューズの意見を知る。もし彼女が自分なりの考えでアンドリューズに同意するのなら、彼女も認可に賛成すべきだ。だが、彼女自身は認可に反対だったとしよう。そうなるとすべては、彼女がアンドリューズの判断をどれほど信頼しているか、また、自分の判断にどれほどの自信を持っているかにかかってくる。アンドリューズの判断についても自分の判断についても同じ程度の自信しかなかったら、どっちでもいいやと思い、コイントスで決めるかもしれない。あるいは、自らの情報に基づいて考えると、どちらにも決めかねるという状況になるかもしれない。この場合、彼女はアンドリューズに従うことになるだろう。

三人目のカールトンはどう出るだろうか。アンドリューズとバーンズは認可に賛成する意見を述べた。しかしカールトンは、確実ではないのだが自らの情報で、この事業の欠点を示すものを持っている。ここでカールトンも、自分の意見とアンドリューズとバーンズの意見を秤にかける。カールトンが自分の情報を無視して、アンドリューズとバーンズに従うことになりそうなのは充分考えられる。なんと言っても、こうした状況ではアンドリューズもバーンズもそれなりの根拠があって賛成しているのだろう。カールトンが自分の情報が二人のものより優れているとでも思わない限り、彼は二人に続くはずだ。このとき、カールトンはカスケードに巻き込まれている。

カールトンが頭のいい人間なら、バーンズがアンドリューズの判断に委ねただけで、自分で結論を出したのではない可能性について気づくかもしれない。そうなれば、カールトンはバーンズがアンドリューズに同意しているという事実を無視することもできる。しかし現実の集団では、自分より前にしゃべったメンバーがさらに前にしゃべったメンバーの判断に委ねてしまった可能性まで考える人間は少ない。二人以上の人間が同じことを信じているなら、その人たちは独自にその結論に至ったに違いないと、人は考えてしまう。[9] これは誤りなのだが、多くの人がこの誤りを犯す。

さて、カールトンはアンドリューズとバーンズの意見に従う。さらに、デイヴィス、エドワーズ、フランシスという他のメンバーが最初の三人の意見や行動について知っているとしよう。残りの三人がカールトンとまったく同じように、自らの（関連はあるが不確実な）情報がどうであれ、事業に賛成するのは充分考えられることだ。アンドリューズが最初にヘマをやっていたとしても、この流れは変わらない。デイヴィスら三人もいったん立ち止まって、最初の三人がそれぞれ独自の判断で結論を出したのかを考えてみることはできる。だが、もしデイヴィスたちがごく普通の人間なら、そうはしない。前にしゃべった人たちの意見が見たところ一致しているという、その事実の重さだけで、彼らは目の前にある意見に賛成してしまうのだ。

こうしたことが起きるとき、これまでも話してきた問題が浮かび上がってくる。カスケードに巻き込まれた人間は、独自に持っている情報を発表しないという問題だ。先の例では、決定は集団のメンバーが持つ知識の全体を反映したものではない。メンバー個人が持つ情報が公表され、集約されていたら、まったく異なる（もしかしたら賢明な）結論が出ていたかもしれない。事業案がダメなもので、集団のメンバーもダメだとわかっていても、その案は認可されてしまう。人は自分より先に行く人に従うという単純な理由からだ。後からしゃべる人は、カスケードを始めた人々が共有する情報より自分が持つ情報のほうが優れていても、それを発表したり、それを根拠に行動することができなくなるのである。

陪審員の審議で起きた情報カスケードの例がある。著者の一人（ヘイスティ）は大都市の陪審員候補者リストから選んだ人々を中心に何千人というボランティア陪審員を募り、模擬裁判を数十回繰り返し行った。調査では、むずかしいがよくある事件を取り上げ、その審議の様子を映像で記録した。陪審員の審議は（模擬でも本当でも）、とりあえず各陪審員の意見を明らかにしておく予備投票から始まる。

模擬裁判のシナリオは次のようなものだ。テーブルを囲んで座った陪審員に順番に意見を聞く予備投票を行う。この時点で、同じ評決を支持する二、三人の間でカスケードが始まる。人数が増えていくにつれ、評決への自信は強まる。実は、審議入り前に陪審員には自分が考えている評決を密かに書いてもらっているので、調査担当者は各陪審員が個人的にはどの評決を支持しているかを知っている。たとえば、陪審員一番、二番、三番は、審議前の調査でも審議開始の際の予備投票でも第二級殺人罪を支持していたとする。しかし、陪審員四番は無罪を主張し、審議前の調査ではその判断にかなりの自信を見せていた。

さて、三人が一致して殺人罪を主張しているのを前に、陪審員四番はどんな行動に出ただろうか。彼は一瞬ためらった後、「第二級殺人罪」と述べたのだ。このとき、まだ評決を決めかねていた陪審員七番が突然口を開き、「なぜ第二級殺人罪なのか」と尋ねた。突然ヘッドライトに照らされてキョトンとした鹿のような表情を浮かべた四番はすぐに、「いや、明らかに第二級殺人でしょう」と答えた。これは情報カスケードの典型とも言えるシナリオで、これと似たようなシナリオは、世界中の陪審員室、重役会議室、政治集会の場で繰り返されているに違いない。

2 不安とカスケード

謙虚、融通がきく、独りよがり、そんな人はカスケードの罠にはまりやすい。しかし、心配性な人間はそんなカスケードを打ち壊す。特にカスケードが楽観論を助長している場合は打ち砕いてくれる。オバマ政権でサンスティーンの同僚だったナンシー＝アン・デパールはカスケードを打ち砕くことにおいては金メダル級だ。なぜかというと、彼女は疑念を呼び起こすような、厳しい質問を浴びせて、人々に考えることを強いるからだ。「困難な課題について多くの人が同意見というのは、もしかして、一人二人の馬鹿者の後について行っているだけだからではないのか。なぜ、反対意見を言う人がいないのか」。こんな疑問を投げかける人物が集団には必要である（ピッグス湾事件の大失態を思い出すといい）。

自分より先に行く人の意見や行動を頼りにするとき、集団のメンバーは無責任に行動している、というわけではない。情報カスケードはメンバーが合理的に考えようと必死になっているときにこそ起こりやすい。メンバーは、受けとった情報シグナルに適切に対応しているだけかもしれない。多くの人がその事業はいいものだと考えているのなら、おそらくいいものなのだ、というわけだ。同僚に反対意見を言うのなら、相当に強力な反論が必要だと思うのは当たり前である。

どの情報に注目すべきかを判断する際、私たちは自分のであれ他者のであれ（その情報の有効性に関係なく）、自信のほどを手がかりに決める傾向がある。人は自らの誤った決定は信じ続けなくても、集団が出した誤った決定は信じ続けてしまう。これが、集団の意思決定が及ぼすもっとも油断のならない副作用かもしれない。カスケードが生みだす社会的根拠（と一般的な同調性）によって、みんなが誤った結果を信用してしまう。[10] そして、自信たっぷりで、偉そうな人が決定プロセスに関与してくると、大きな影響を及ぼし、その関与の正否に関係なく、関与した人々の評価が上がる。[11]

3　赤い壺、黒い壺

実社会では、審議中の集団でカスケードがしばしば起こる。[12] 実験で作り出すのも簡単だ。一番簡単な実験はいかにもな実験ではあるが、色々なことを見せてくれる。実験は現実を模倣したもので、日常起こっていることのエッセンスだからだ。いかにも作為的で、詳細も凝ったものではないが、しばらくご辛抱願いたい。その詳細こそが、集団が誤るプロセスを明らかにしてくれるはずだ。

被験者は実験に使われた壺が、AかBかを当ててほしいと頼まれる。Aの壺には赤いボールが二個と白いボールが一個入っていて、Bの壺には白いボールが二個と赤いボールが一個入っている。[13] 当たったときは二ドルもらえるとして、報酬を出すことで正しい答えを出す意欲を高めている。

実験一回ごとに、一つの壺を選んだ。さらに被験者には一回（のみ）、その回で選ばれた壺からボールを一つ、皆に見せないように取り出してもらった。そして、①そのボールの色と②どちらの壺が使われたと思ったかの自分の考えを回答用紙に記録させた。そして、ボールの色は発表しなかったが、どちらの壺が使われたと思ったかについては全員に発表した。

次に、ボールを壺に戻し、壺を次の被験者に回して、その被験者にボールを取り出してもらう。その被験者もボールの色は発表せず、使われた壺についての予想は発表する。すべての被験者が終えるまで、この手順が繰り返される。全員に番が回ったところで、どちらの壺が実際に使われたかが発表される。もし被験者が自分だけの情報を元に選んだとしたら、正解率は六六・七％になるはずだ。この実験のポイントは、被験者が前の人間の発表を聞いて、自分が取り出したボールを無視するかどうかを検証することだった。

実験の結果、カスケードが生まれ、しかも、そのおかげで間違いが起こることがわかった。何人かの人間が壺についての予想を発表すると、その後の人たちは、自分のとったボールから導き出される予想ではなく、すでに発表された予想のうちの多数派に合わせた予想を述べるようになった。[14] 実験回数の七七％以上でカスケード効果が表れ、予想の一五％は、自分が取り出したボールからの情報という「個人的シグナル」を反映したものではなかった。ほとんどの人が手に入る情報に基づいて合理的に結論を出したにもかかわらず、誤りを導くカスケードが発生したのである。[15]

表3－1は誤った結論を導いたカスケードの例を示している（使われた壺はBだったのに、最初の二回がAに向かうカスケードを引き起こした）。[16]

ここで注目すべきは、個人の情報をすべて合わせれば白四つ、赤二つとなり、Bの壺という正しい答えが導き出されるはずであった。最初の二つのシグナルが、合理的な思考に基づいた

表3－1　情報カスケード

	壺から出てきたボール					
	1	2	3	4	5	6
個人的シグナル	A	A	B	B	B	B
決定	A	A	A	A	A	A

出典：Marc Willinger and Anthony Ziegelmeyer, "Are More Informed Agents Able to Shatter Information Cascades in the Lab?" in *The Economics of Networks: Interaction and Behaviours*, ed. Patrick Cohendet et al. (New York: Springer, 1998), 291

としても誤った判断であったため、全員がその後を追うことになってしまった。最初の誤ったシグナルが、誤った判断の連鎖を引き起こし、その連鎖は後に現れた正しい方向のシグナルによっても断ち切られることはなかった。[17] 非常に長いカスケードの連鎖は最終的には断ち切られる傾向にある。しかし、短い連鎖であっても大きな問題となるし、長い連鎖の中には存続し続けるものもある。

壺についてのこの実験は、実社会に存在するチームや熟議集団に直接関連するものだ。人は前の人が発表した意見に依存し、自分の知っていることを明らかにしなくなる。これは集団全体にとっては不利な状況だ。サルガニクの音楽ダウンロードの実験でも似たような結果だったことを思い出してほしい。あの実験では、人気の出た曲も不発だった曲もあったが、人の好みを説明することができない以上、間違いが起こったかどうか、確信はできない。しかし、もし集団が先にしゃべった人間の意見のおかげで誤った決断を下したとすれば、そこには評判プレッシャーと群れたがる心理が作用して、真実を蝕んでいるということになる。

評判カスケード

評判カスケードにはこれとはまったく違う力学が働く。このカスケードでは、集団のメンバーは何が正しいのか、あるいは正しそうなのかを知っていると思いつつも、周りからのいい評判を失いたくないがために集団に迎合する。問題は、集団のメンバーが前の人の発言にあった情報に影響されるのではなく、上司や同僚から仲間はずれにされたくないと思うことだ。

一九九〇年代（やそれ以後）に政治的右派がよく非難する意味で「政治的公正さ《ポリティカル・コレクトネス》」という言葉を使ったが、その「政治的公正さ」は何も左寄りの高等教育機関に限られた傾向ではなく、様々な場で見られる。ビジネスでも政府でも、ある考え方が正しく、議論のための疑義や異議であってもそれを口にする人間に対しては、危険を覚悟でそうするのだろうね、という感覚が存在するのは明らかだ。そうした人々は面倒な奴とか、仲間じゃないなどと思われ、他のメンバーの時間を無駄にしているとされる。和を乱す類いで、極端な場合、社会的不適合者と見做されてしまう。不適合者は集団の雰囲気を悪くする。しかし賢明な集団はそうした不適合者も守る術を知っている。

評判カスケードはこんなふうに起こる。ある職場のこと、アルバートは会社の新規事業は成功すると述べた。バーバラはアルバートに賛成したが、それは、アルバートが正しいと思ったからではなく（実は間違っていると思っていた）、自分がバカだとか、反抗的だとか、疑り深いとか思われたくないがためだった。もし、アルバートとバーバラがこの事業は成功すると思っているのなら、つづくシンシアも公にはあえて二人に反対はしないだろう。二人と同意見であるかのように行動するかもしれない。シンシアの反応は、二人の判断が正しいと思ってのことではなく（実際にそう思っていない）、二人を怒らせたり、嫌われたくないというのが理由である。

この流れからカスケードが起こるというのはわかりやすい展開だろう。アルバート、バーバラ、シンシアの三人の意見が一致しているとなれば、同僚のデイヴィッドも、彼なりの理由があって三人は間違っていると思ったとしても、反対意見を述べることはためらってしまう。もちろん、実社会の集団討議では、発表された意見が独自の情報に基づくものなのか、情報カスケードの作用なのか、それとも評判カスケードの作用なのか、人にはわからない。だが、すでに見てきたように、意見を聞いたり、行動を見ている周りの人々は、独自の情報に基づいた行動であると思い込みがちである。

評判カスケードの可能性は、すでに見た壺の実験をアレンジした実験でも明らかになった。[19]

表3－2　同調性とカスケード

	壺から出てきたボール									
	1	2	3	4	5	6	7	8	9	10
個人的シグナル	A	B	B	B	A	B	B	B	A	B
決定	A	A	A	A	A	A	A	A	A	A

出典：Angela A.Hung and Charles R.Plott, "Information Cascades: Replication and an Extension to Majority Rule and Conformity-Rewarding Institutions," *American Economic Review* 91 (2001): 1508, 1515

今回も前回同様、被験者はどちらの壺からボールを取り出したかを予想する（Aの壺には赤いボールが二個と白が一個、Bの壺には白が二個と赤が一個入っているのも同じだ）。ただ今回は、予想が正しければ二五セント、集団のメンバーの過半数と同じ予想であれば七五セントもらえるとした。つまり、間違って予想したときと他とは違う答えを出したときはどちらも損をすることになる。予想が間違っていれば二五セントの損であり、集団とは違う答えを出したときには七五セント損をする。

今回の実験では、カスケードがほぼ毎回発生した。総実験回数の九六・七％でカスケードが発生し、個々の発表の三五・三％が個人の情報とは矛盾するものになっていた。言い換えれば、自分が取り出したボールが示す情報に反する予想を発表したのだ。さらに、二番目の人がとったボールが最初の人の発表と違ったときは、七二・二％の人が最初の人の発表に続いた。表3－2に今回の実験の結果が示されている

（実際に使用された壺はBである）[20]。

この実験が示したのは、人は正しい答えを出したときだけでなく、他者の意見や行動に合わせた行動をとっても何かしら報われるという状況では非常に残念な結果が生まれるということである。（頭のいい人間が集まっていたり、リーダーだったりする）集団の中には、このような褒美を示すものがあるが、これは不幸な事態だ。そのような集団が（大規模な事業や政府内のケースでは）少なくない。繰り返しになるが、問題は、人が下手に目立つことを避けるために口をつぐみ、実際に持っている重要な情報を明らかにしなくなることである。

利用可能性カスケード

これまでのところ、集団のメンバーはある意味、完璧に合理的であることを前提としてきた。互いの意見に耳を傾け、先の順番の人が繰り出す情報シグナルに注意している。確かに、自分の評判を気にし、周りに気に入られ、尊敬されたいと願っているが、それは不合理なことでもなんでもない。

しかし、人は判断ヒューリスティック〔訳注・経験則による頭脳の手抜き〕を利用するため、道を逸れてしまうこともある。また、人には偏見もある。カスケード効果がいかに間違いを起こすかを理解するためにもっとも重要なヒューリスティックは、利用可能性に関連するものである。目立つ出来事では「利用可能性カスケード」が起こりやすい。関連のある考えが人から人へ急速に広まり、最後には集団の大小にかかわらず集団内で流布する信条になるという効果だ[21]。

利用可能性カスケードの副作用としては、「連想阻止」とか「共同固着」とか呼ばれる現象がある。関連性が強く、強烈な印象を持つ考え方によって、それ以外の有益な情報を思い出せなくなってしまうことだ。クリエイティヴな解決策を探さなくてはならない集団にとって、この現象は厄介だ。個々のメンバーがクリエイティヴで新しいアイデアを生みだす思考プロセスが、他のメンバーが言った強烈で思い出しやすいアイデアによって抑え付けられてしまうからだ。ブレインストーミングを効果的に行うためには、利用可能性に伴う、この厄介な副作用を避ける工夫が必要である（この点は第Ⅱ部でさらに論じる）。

リスクに関する分野では、利用可能性カスケードがよく起こる。危険な農薬、放置された有害廃棄物、原発事故、テロ行為など、特定の出来事が集団内でよく知られ、象徴的な意味を持つようになる。そうなるとその出来事は、何らかのプロセス、製品、行動についての集団の認識に変化を引き起こす。この利用可能性カスケードはビジネス界ではお馴染みだ。出来事の経緯、大成功談や大失敗談はあっという間に企業の内外に広まり、一見似たような別の出来事や製品についての判断に影響を与える。映画（たとえば『スター・ウォーズ』）、テレビ番組（『ブレイキング・バッド』）、小説（『ハリー・ポッター』）がヒットすると、ビジネス界はそれに強く反応し、似たような提案やプロジェクトを必死に探し始めるだろう。実際、テレビ業界ではこのカスケードはよく見られる。ティーンエージャーの吸血鬼や金持ち夫人たちを描いた番組が突然数多く現れるのは、管理職が最近の成功例を参考にして決断を下すからだ。

政府の役人たちも利用可能性カスケードに無縁ではない。良くない出来事（ネヴィル・チェンバレン英首相のヒトラーへの譲歩、ヴェトナム戦争、二〇〇八年の金融危機など）は目立つがゆえに、その効果は長期間に及ぶ。最近の危機に際しても、それを思い出すと同じ轍は踏むまいと人は行動する。

もちろん、根本的な判断が正しいこともある。歴史は時に現在の前触れとなる。だが、利用可能性ヒューリスティックはおよそ当てにならないことを思い出してほしい。リスクを冒しても成功した例はあるかもしれないが、それが典型的な例なのかはわからない。一般的には農薬は安全かもしれないが、特定の農薬は危険かもしれない。放置された有害廃棄物処理場の一つについて広く報道されると、多くの処理場が実際より危険だという印象を作り出すかもしれない。

利用可能性ヒューリスティックは企業や政府を非現実的なまでに楽観的にしたり、悲観的にしたりする。そして、このヒューリスティックが作用すると、集団はとんでもない方向に動いてしまうこともなる。「集団思考《グループシンク》」の話をしているのではない。よく知られた認知バイアスの一つが評判プレッシャーと一緒に、害を及ぼすような形で相互作用を起こしているという話だ。

Chapter

4 集団は極に走る

集団のメンバーが熟議を通じてより過激な意見を持つようになるという、集団の極化傾向はすでによく知られた現象だが、これとカスケード効果には明らかにつながりがある。[1] 似たような考えを持った人間が集まった集団では特に深刻な問題で、熟議の結果さらに過激になる傾向がある。

極化は討議中の集団でよく見られるパターンだ。アメリカ、フランス、アフガニスタン、ドイツなど数十カ国で行われた数多くの調査でもそのような結果が表れている。[2] たとえば、始めから集団のメンバーが嫌米的で、アメリカの意図を疑っていると、意見交換をした後さらに嫌米で、疑り深くなる。特にフランス市民の間で、この傾向を示す具体的な事例がある。[3] アメリカでフランス人について同じ調査を行えば、同じ現象が起こるに違いない。

「リスキーシフト」と「コーシャスシフト」

こうした熟議の影響について初期に行われた実験の中には、ビジネスや政府への教訓として役に立つものがある。あえてリスクを冒すかどうかの（リスクテイク）行動に関するもので、結果は、そもそもリスクを冒す傾向にある人々は話し合うことにより、その傾向を強めることになった。[4] メンバーが多少でもリスキーな行動に傾いている場合、集団討議の結果、集団はさらにリスキーな行動に傾く。リスキーな決断には、たとえば、就職や転職、海外投資、戦争捕虜収容所からの脱走、公職選挙への立候補などがある。このような決断に際して多少なりとも意見交換を行った集団は、さらにリスクの高い方向にシフトする。この傾向を元に、討議の結果、組織では「リスキーシフト」（リスクの高い方向に進む傾向）が起こるという見方が一般的になった。

だが後の研究によって、この結論に疑問が生じ、さらに大きな謎が生まれた。同じテーマの討議であっても、アメリカ人集団ではリスキーシフトが起こり、台湾人集団では「コーシャスシフト」（より慎重な方向に進む傾向）が起こるという事態がたびたび見られたのだ。議論の結果、台湾人はリスクに対してより消極的になる。アメリカ人集団でもテーマによっては、リスクを避けようとする人々が話し合い後にその思いを強くすることがあって、集団としてはコーシャスシフトが起きることがあった。コーシャスシフトが起こりやすかったテーマとしては、「結婚するかどうか」と「医者に診てもらう必要があるかもしれないくらいの腹痛を起こしていても飛行機に乗るかどうか」の例がある。このようなテーマでは、アメリカでも集団は討議の結果、リスクの高い方向ではなく慎重な方向にシフトしたのである。〔5〕必ず一方方向のシフトが起こるという考え方はこれで崩れた。

理屈に合わないこの結果は、どう説明したらいいのか。実は、素直に結果を解釈すれば説明はつく。集団がどちらの方向にシフトするかは、議論以前の人々の中間値的立場が予測のいいヒントになる。〔6〕集団のメンバーがそもそもリスクを冒す方向に傾いていれば、リスキーシフトが起こりやすく、慎重な方向に傾いていればコーシャスシフトが起こりやすい。つまり、アメリカ人集団と台湾人集団の違いは、文化が違うとか、集団討議が異なる効果を及ぼしたとかではなく、集団のメンバーの出発点の違い、より正確に言えば、そのテーマに関する集団討議以前の個々人の意見の中間値の差によって起こったということだ。アメリカ人はリスクに立ち向う傾向から出発し、台湾人はリスク回避傾向から出発したという、この単純な事実によって異なる二つの方向へのシフトが説明できる。リスキーシフトもコーシャスシフトも同じ特性の表れなのだ。つまり、「集団極化」である。

集団極化は事実に関する問題と価値観に関する問題の両方で起こる。これはビジネスには特に重要な点だ。たとえば、来年製品がヨーロッパで一定数売れるかどうかが問題だったとしよう。この場合、答えは売れるか、売れないかのどちらかだ。そのような二者択一の問題では極端な方向へのシフトを示すのは簡単ではないから、極化を証明するのはむずかしい。だが、売れる見込みについて1から8までの目盛りで示してもらったらどうだろうか。目盛りゼロは「売れる見込みなし」、8は「絶対売れる」、間の目盛りの7は「売れる確率はかなり高い」、6は「おそらく売れる」、そして5は「五分五分」を示すものとする。

こうすれば、集団討議が極化を生むことを示すことができる。集団の最初の中間値より極端な方向に進むかを観察できるからだ。討議前の中間値が6であれば、集団の結論は7となる。中間値が3であれば、通常は2へシフトする。〔7〕

法律の専門家で中立であるべき連邦判事でさえ、集団の極化傾向からは逃れられない。民主党任命の判事も共和党任命の判事も、同じ党の大統領に任命された判事らと審議すると、そうでないときに比べてよりイデオロギー色の濃い判決を下す傾向が見られる。〔8〕民主党任命の判事三人だけで審理する場合、性差別や性的嗜好による差別、環境保護、労働者の権利擁護などの裁判では、一人でも共和党任命の判事が参加している場合に比べて、よりリベラルな判決を下す傾向にある。共和党任命の判事による審理でも同じことで、全員が共和党任命の場合はより保守的な判決を下す。メンバー三人の判事団をチームと考えると、チームがどのような考え方のメンバーから成り立っているかで判決が決まるということだ。

わかりやすい例を示そう。イデオロギー的対立が関係してくる裁判で、上訴審判事の一人がどのような判断を下すかを知りたければ、その判事を任命した大統領が民主党か共和党かを調べてもいい。だが、もっといいヒントがある。法律の分野ではしばしば、判事団の残りの二人の判事を任命したのが誰かを調べたほうが、その判事がどのような評決を投じるかの予想に役に立つ。

陪審員団も同様に、極化傾向を示す。特に、懲罰的な損害賠償金に関しては、審理前に陪審員が考えていた中間値より高い金額になる傾向がある。陪審員団の審理では、特に高額を示すような極端な動きが見られる。[9] 一般的に刑罰の判断で留意すべきは、集団のメンバーが厳罰を求める傾向にあると、最終的な判断はさらなる厳罰を科すことになりやすいという点だ。

コロラドでの実験

この問題を明らかにするために、我々は（同僚で友人のデイヴィッド・シュケードと共に）集団討議に関する一つの実験を行った。これは、実社会での討議の実状を正確に反映したものだと我々は確信している。この実験では、コロラド州の二つの都市で人を募り、同じ都市の市民のみからなる（通常六名の）小規模集団に分けた。そして、気候変動、アファーマティヴ・アクション（積極的差別是正措置）、シビル・ユニオン（同性婚）という、現在もっとも議論の分かれる三つのテーマについて討議してもらった。二つの都市は、圧倒的にリベラルな投票パターンで知られるボールダー（別名「ボールダー人民共和国」）と、圧倒的に保守的な投票パターンを見せるコロラド・スプリングス（別名「砦」）である。実験開始前にボールダー市民は左寄り、コロラド・スプリングス市民は右寄りであることは確認した。参加者にはまず、各問題についての個人的見解を匿名で記録してもらった。その後、集団として結論を出すための討議に入った。討議終了後、参加者には再び、議論を経ての個人的見解を匿名で記録してもらった。

以下は、熟議が及ぼした三つの効果である。

①ボールダーからの参加者は三つすべてのテーマで、さらにリベラルになり、コロラド・スプリングスからの参加者はさらに保守的になった。集団での熟議は個人の見解を極端な方向へと押しやる結果になった。シフトには二種類あった。一つ目は、気候変動、アファーマティヴ・アクション、シビル・ユニオンの三つについての集団としての「判決」

が討議前のメンバー個人の見解より極端になった動きだ。二つ目は、匿名で記録してもらった個人的見解も、討議後は前より極端になっている。留意すべきは、熟議は集団だけでなく個人も極端な方向へと押しやるということである。そのため、匿名で表される個人的見解も極端になっている。

②討議によって、集団内のコンセンサスが強くなった。討議前の集団では、個人の意見にはかなりの幅があり、集団内に多様性が見られた。確かにボールダーの人々は全体的にリベラルではあるが、個々の問題については常に意見が一致するわけではなかった。話し合うことによって、リベラル派の意見は一致し、保守派も一致した。短い時間の話し合いの後でも、集団のメンバーが匿名で記録した個人的見解の相違は大幅に減っていた。

③討議によって、リベラルなボールダー市民と保守的なコロラド・スプリングス市民の間の意見の違いが広がった。討議前は、二つの都市の市民の間には、意見の一致も結構見られていた。しかし討議後、一致する部分は非常に小さくなった。リベラルと保守の間の亀裂が深まったのである。

この結果が示すことは明らかだ。一般的に言って、集団は討議の結果、討議前の傾向をさらに極端にする。熟議の最大の作用は、集団内の多様性を押しつぶし、意見の違う集団間の溝を深くすることだ。

なぜ極化が起こるのか

集団の極化はなぜ起こるのか。主な原因は三つある。[10]

第一のもっとも重要な理由は、すでに見てきた情報シグナルに関係するが、話は多少ややこしくなる。集団のメンバーは他のメンバーの意見に注意を払う。どんな集団でも、最初から一定の傾向を持っていれば、その傾向へと議論は傾いていく。たとえば、集団のメンバーの多くが新規プロジェクトは成功するという考えで始めたとしよう。当然、その方向の意見が多数表明される。数的に見て、当初の意見を支持する意見のほうが反対意見より多い。メンバー個人は、熟議で出てくる意見のいくつかについては耳を傾けたり、考えたりするだろうが、すべてについてそうするわけではない。そうなると熟議では、メンバーが当初から持っていた意見をさらに極端にする方向に人々は導かれることになる。

第二の理由も、すでに見てきた評判プレッシャーに関わるものだ。人は集団の他のメンバーに対して好意を持ってほしいと思っている。人が公に発表する意見は時に、自分をどうプレゼンしたいかという希望の反映でもある。いったん他者の意見を聞いてしまうと、自分の評判を維持するために、多少なりとも自分の意見を修正して周りの意見に合わせるようにするメンバーもいるだろう。状況に即してシフトするのだ。[11] 集団のリーダーやメンバーの多くが一定の方針を支持しているとき、それに異論を唱えることはその個人にとっては大きなリスクだ。だから、賢明なリーダーは自分の意見は少しだけに留めるか、まったく言わずにおいて、メンバーが思っていることを自由に述べるよう促すのだ。

集団の極化の第三の理由はやや微妙だ。自信と過激さ、他者による裏付けの三つの要因が密接に絡んでくる。[12] 人は自信がないときには、自分が間違っているかもしれないと思うから、ためらいがちで謙虚になる。アメリカの著名な判事ラーニッド・ハンドは「自由の精神とは、正しいと確信しすぎない精神である」と述べた。ためらいがちな人間は自由の精神を大切にする。だが自信を持つようになると、考えが極端になる。自らが正しいのか確信がないという不安感、つまり、謙虚さを促す要因がなくなるからだ。集団の極化という点で言えば、他者からの支持が自分に自信を与えてくれることになり、それを通じて過激化が進む。

こうした理由もあって、似たような考えの人々が仲間同士で話し合うと、自分の正しさに確信を得て、より極に走る。自分の意見が他者によって裏付けられたり、他者も自分と同意見だと知ることで自信を深めると、人は極端な意見を持ち始める。[13] 集団はそれで大失敗を犯す。凄い新人だ、その投資提案は失敗するに決まっている、新政策は成功するなど、集団として色々な結論を出すが、結局、失望したり、後悔したり、時には驚く結果に終わる。なぜなら、集団の力学によって、自信を深め、揺るぎない確信を持ってしまっていたからだ。

身内、部外者、アイデンティティの共有

集団の極化は人々がアイデンティティを共有していて、結束力の強い集団に属していると起こりやすく、その勢いも強くなることは、多くの研究結果によって示されている。集団が極に走る理由をさらに探る上で役に立つポイントだ。[14]

簡単に言えば、人は自分が属している集団内の典型的な意見に合わせようとするから、意見が極端になるのだ。集団のアイデンティティが重要なときほど、集団内の規範は極端なものになる[15]（たとえばリーダーが「我々は皆○○教徒だ」とか、「みんなでこの会社を一緒に築き上げた」などと言ったら、極に偏ると思っていい）。身内の人間が言ったことには説得力がある。とにかく正しいように思えてしまうのだ。

人は、集団内の意見に反対することで評判プレッシャーを受けることには非常な恐怖心を持つ。家族や宗教団体、中小企業、アイデンティティの感覚が強く内輪という気持ちが強い企業などでは、特別な予防策をとらない限り集団の極化が起こりやすい。オンライン上も含めてソ

ーシャル・ネットワークは特にこの点に注意しなくてはならない。アイデンティティの共有が、自信と過激さを醸成しやすいからだ。対抗策として、マサチューセッツ工科大学メディア・ラボのアレックス・ペントランドは、人と関わることを力説する。コミュニケーションが活発になるだけでなく、探究心も刺激し、新しい情報や意見、解決策を探そうという機運が生まれてくるからだ。[16]

部外者の意見には何の影響力もなく、無関係だとか、時には、だからこそ、その意見の反対が正しいなどと言われるのは驚くにあたらない。[17]バカバカしい、良くない、誤っていると思っている集団に属している人間が言うことにわざわざ耳を傾けるなどするだろうか。敵対する人間やライバルの発言に対しては、その反対が正しいと思うことが多いだろう。

こんな例を考えてみよう。サラ・ペイリン元アラスカ州知事が二〇〇九年に（オバマ政権の）医療保険制度改革では「(病人の生死を決める) 死刑判決団」が設置されると主張し、メディアが明らかに事実に反するその間違いを正したことがあった。[18]問題は、それがどう影響したかだ。政治的知識のあまりないペイリン支持者はメディアの訂正を聞いて納得し、自分の意見を変えた。ペイリン不支持の人たちの間でも同じことが起こった。ところが、政治的知識のあるペイリン支持者の間ではこの訂正が逆効果となり、訂正を聞いてから、医療保険制度改革には「死刑判決団」のような組織が含まれるという意見を信じる傾向が強まったという。皮肉なことに、訂正がそもそも思っていたことを確信させる結果になってしまったのだ。部外者がある主張を支持すると、その支持によって、集団内にすでに存在する意見がより強固に定着してしまう。

部外者が発言しても、それによる評判プレッシャーは強いものではない。いつも間違っているとか、動機が不純だなどと仲間から思われている人間の意見に賛成しなくても、社会的に大した影響はない。右派を自認する人に、左寄りの人の意見は聞こえない。集団の結束が強く、そのメンバーの帰属意識も高いと、偏向は特に起こりやすく、しかも過激になりやすい。

この状況は特に投資家グループで起きやすいことが証明されている。社会的な絆で密接に結ばれた投資クラブは大損をする。[19] 投資クラブは、メンバーが親しく付き合うことなく、友人というよりは同僚として考える形のほうが成功する。

極化と正確性

集団は極化によって、正しい答えにたどり着くのか、それとも誤った答えになるのか。熟議する集団は極に走ることで、答えを誤るのか。

この質問に対する単純な答えはない。すべては、正しい答えと集団の討議前の傾向との関係にかかっている。集団が始めから正答の方向に傾いていれば、極化はまっすぐ正答にたどり着かせてくれる。極化自体が、正答や誤答を作り出すのではない。

しかし、必ずそうだとも言い切れない。集団の力学によって、中には自分が知っていることを発表しないメンバーも出てくる。個々人が誤った方向に傾いていると、その間違いは熟議によって増幅される。そのような困った例をすでに見てきた。個人が計画錯誤に陥っていると、集団はさらにその深みにはまる。ほとんどの人が論理的な誤りを犯していると、集団はそうした誤りを減らせずに逆に増加させる。計画錯誤や論理的誤りは誰の得にもならないが、集団の極化はその錯誤をさらに進行させ、誤りをたくさん作り出す。

Chapter

5 情報共有のワナ

集団の失敗もいよいよ最後の例だが、これが一番面白いものかもしれない。集団のメンバーが、適切に選択・集約すれば、明らかに正しい答えを導き出すのに充分な情報を持っていたとしよう。そんな場合でも、集団が、多くのメンバーが共有する情報のほうを重視し、少数のメンバーが持っている情報を軽視すると、問題が起こる。このような不幸な結果が起こりやすいことは、残念ながら数々の実験が裏付けている。[1]

このように、集団が達成できるはずなのに、そうできなかった正しい理解を、専門用語では「隠されたプロフィール」と呼ぶ。これは、「共有知識効果」の産物で、集団全員が共有している情報のほうが、少数のメンバーだけが持つ情報より、集団の決定に与える影響が大きいという効果である。[2] 統計的に見て単純に、共有知識は集団に伝わる可能性が高く、その結果個々のメンバーによく理解されるという事実からも、この効果は明白だ。だが、評判プレッシャーも大きく関係している。

隠されたプロフィール

複数の集団が人事案件でどのように協力するかを検証しようとした実験がある。この実験で集団が犯した深刻な誤りの例を見てみよう。[3]

集団のメンバーの前に、マーケティング・マネジャーのポストに応募してきた三人の候補の履歴書が示される。履歴書は一人だけが適任に見えるように、あらかじめ細工してある。すべての情報を見て検討することができれば、集団のメンバーには誰が適任かわかる（この点については、別の集団にすべての情報を公開して実験した結果、すべての集団が適任者を選んだことで検証されている）。だが、被験者集団には履歴の一部だけをまとめた情報を知らせ、関連情報の全体はわからないようにした。各集団は三人で構成され、対面あるいはオンラインで討議した。

熟議の結果、明らかに適任である候補を選んだ集団はほとんどなかった。理由は簡単、正しい選択ができる情報を人々が共有していなかったからだ。集団のメンバーには、有望な候補のプラス情報とダメな候補のマイナス情報を共有する傾向が見られ、有望な候補のマイナス情報とダメ候補のプラス情報は話題にしなかったのである。そのため、彼らの意見は「集団がコンセンサスに向かう方向を助長し、議論を複雑にしたり、活発化させたりはしなかったのである」[4]。

また、模擬選挙の場合を考えてみよう。集団のメンバーには、公職に立候補した三人の候補者の情報の一部をパッケージにして伝えてある。ここでは、情報が適切に提供されていれば、候補者Aが適任として選択されるように細工した。[5] 第一の場合、集団のメンバー四人にはそれぞれ関連情報の大半（三人の候補者それぞれについての情報の六六％）が知らされた。ここでは、話し合い前はメンバーの六七％が、後は八五％が候補者Aを支持した。[6] 情報集約が適切に行われた結果で、情報や意見の交換によって、個人の判断を上回る正答率を達成した。集団がそのメンバーが持つ情報を集約し、尤もな結果を生みだせる可能性を表している。

第二の場合は対照的に、候補者Aについての情報が集団の一部のメンバーにだけ知らされ、全員が共有する情報は各候補の三三％となるようにした。さらに、全員が共有する情報では明らかに劣った候補であるBとCがよく見えるようにした。この場合、討議前に候補者Aを支持したメンバーは二五％以下、当初の情報分配を考えると合理的で当然の結果である。また、集団討議でこれまで共有されていなかった情報が出てきて、それを真剣に討議していれば、集団はAを選ぶことになるはずだ。しかし結果は、討議後Aを支持した人々の数は減った。集団のメンバーに対して、共有情報が予想外に大きな影響力を及ぼした結果である。[7]

言い換えれば、重要な情報が始めから共有されず、討議の途中に出てくると、集団は個人より誤った結果に到達する。こうした状況では、共有情報のほうが共有されていない情報より大きな影響力を持ち、集団の最終結論を誤らせる。

この実験を含め多くの研究から出てきた結論が、共有情報は共有されない情報をはるかに超えた影響力を持つということだ。六人の集団で全員が同じ情報を共有し、そのうち二人だけが他の四人が持っていない独自の情報を持っているとすると、二人が持つ情報は一度も議論の俎上にのることはなく、六人共有の情報だけが話し合われる可能性が非常に高い。さらに、共有されない情報が当初からもっとも支持されていた立場に異議を唱える性質のものであると、その情報は討議から排除され、集団としての結論にはほとんど影響を及ぼさない。[8] この種の実験を数多く行ったギャロルド・スタッサーとウィリアム・タイタスは、「共有されていなかった情報の交換によって意見にかなりの変化が起きても不思議ではない状況であっても、集団としての結論や討議後の傾向は集団のメンバーの当初の意見を反映したものになる」とする。[9]

討議によって、共有されていなかった情報を覚えるということもない。逆に、討議がもたらす最大の影響は、そもそも一番人気だった候補の特徴をよく覚えているようになることだ。[10] さらに厄介なことに、重要な情報が共有されていないと、集団は討議の結果、討議前にメンバーそれぞれが支持していた選択肢より劣った選択肢を選びやすい。[11]

共有知識効果

このような結果は共有知識効果の表れと考えるとわかりやすい。集団のメンバー全員が共有する情報は、集団のメンバーの一人あるいは少数だけが持つ情報より、集団の決断に大きく影響するという効果である。[12]スタッサーとタイタスはさらに専門的に、これを「一定の情報の影響力は、集団の討議と決断の前にその情報を共有していたメンバーの数に正比例する」と定義している。[13]情報が共有されないと、集団がメンバーの誰よりも多くの情報を所有していたとしても、その決断は個人の決断の平均値を勝るものにはならない。[14]

情報が広く共有されればされるほど、議論で取り上げられることが多くなるというまさにその理由から、議論が進行するにつれその情報の影響力は増す。実験では、熟議集団は共有されていない情報を取り上げることも活用することもできなかった。そして、集団が始めから、メンバーの意見の平均値に達していた場合には、正確さにも変化はなかった。統計的な平均値を元にした判断については、熟議を尽くしても数字が改善されないことを示す明らかな証拠である[15]（すでに見たように、熟議がさらに悪い決断を導くこともある）。

「認知の中心」、「認知の周辺」

隠されたプロフィールに関する実験の多くは、大学の授業で学生ボランティアを募って実施された。そうなると当然、実社会でも同じ結果になるかという疑問が湧いてくる。実際にもそうなるという。重役たちによる採用に関する実験がある。[16]この実験では、重役が様々な採用候補者について持つ情報を操作することはせず、重役たち自身で独自に情報を収集してもらった。その結果、全員が知っている情報もあれば、知っている者もいれば知らない者もいるという情報もあり、さらには、一人しか知らないという情報も出てきた。

その結果どうなったか。重役たちの間でも共有情報は議論の行方と結論の双方に大きな影響を与えることになった。一人あるいは少数の人間だけが持っている情報は不公平なほどに軽視された。そして、重役たちは誤った結論を下した。同僚が持っている情報を活用しなかったからだ。

この実験では、もう一つ重要な発見があった。集団のメンバーの中には、自分が持つ情報が他のメンバーと共有されていることで、「認知の中心」となる人物がいるということだ。[17]認知の中心であるメンバーが知っていることは、他のメンバーも知っている。認知の中心となるメンバーは、他のメンバーの全員あるいはほぼ全員と共通の情報を持っている存在と定義される。一方、それ以外のメンバーは「認知の周辺」にあり、彼らの情報は独自のもので、共有されていない。彼らが知っていることは他の誰も知らないが、それが非常に重要な情報である可能性もある。

だからこそ、集団がうまく機能するためには、認知の周辺にいる人々を活かさなくてはならない。こうした人々が重要であるにもかかわらず、ほとんどの集団では認知の中心にいる人々が議論の行方や結論に過大な影響を及ぼす。認知の周辺にいる人々に影響力はなく、議論にも参加しなくなる。これは、集団にとって益にならない。

どうしてそうなるのか、簡単に言えば、集団のメンバーは共通に認識されている情報を聞くこと、さらに、そのような情報を持っている人の話を聞くことを好むからだ。また、認知の中心となる人々への信頼度は高く、周辺の人々への信頼度は低い。先に述べた重役たちの実験では、認知の中心となった重役らが最終決定に大きな影響を及ぼすという結果になった。ここから言えるのは、集団のメンバーの中には他の人たちより重要視される人たちがいるが、それは、そうした人たちが持つ情報が他の誰もが持っている情報ばかりで、だからこそ、他のメンバーがその人の言うことをよく聞くということだ。独自の情報を持っている、認知の周辺の人々こそ、他のメンバーが耳を傾けるべき人であるのに、そうならないのは不運である。

予想通りではあるが、共有情報に集団の関心が集まる度合いは、集団の規模に比例して増加する。[18] そのために、集団は大規模で、情報を集めていればいるほど間違いを犯しやすくなる。集合知にとって本質的な問題である。メンバー三人の集団と六人の集団で公職への立候補者についての判断を試した実験では、どの集団でも共有されていない情報よりも共有情報への関心が強かったが、その程度は六人の集団のほうが大幅に高かった。研究者は「共有されていない情報がまったく話題にされない確率と、共有情報が二回話題にされる確率がほぼ同じである」という注目すべき結果を挙げている。[19]

一二人、三〇人、二〇〇人と、集団が大規模になるほど共有情報の影響力は複合的だ。さらに、熟議の結果が失敗であっても、結論に対して集団のメンバーが抱く自信は強くなる。我々が、自信と誤りが組み合わさるのはまずいと言ってきた通りである。

隠されたプロフィールの謎

「隠されたプロフィール」はなぜ隠れたままなのか。それは、これまで論じてきた情報シグナルと評判プレッシャーの観点から説明できる。情報を集団の全員あるいはほぼ全員が共有している場合、統計的に言ってその情報が集団討議で繰り返し話題になる確率は高く、その結果、一人あるいは少数の人しか持っていない情報より影響力は強いものとなる。ここに二点、重要なポイントがある。第一に、共有情報は共有されているというただそのことから、集団討議で取り上げられ、検討される可能性が高くなる。第二に、集団の全員あるいはほぼ全員が知っている情報は個人の判断に影響を及ぼしやすく、さらに、そうした個人の判断が集団としての判断に影響を与える。

五人からなる顧問団が、脅威と思われる状況に対して軍事行動をとるべきかどうか、大統領に進言するという例を考えてみよう。五人の顧問それぞれが、軍事行動が有効であることを示す情報を持っていたとすると、その情報はチーム内で議論の対象になりやすい。五人が個々に、別の側面から見て軍事行動が面倒な事態に陥ることを示す情報を持っていたとしても、こちらの情報は取り上げられにくい。顧問団が、あらかじめ各々が持っていた情報を重視すると、その情報が最終決断に不相応に大きい影響を与えることになる。これは単純に統計から言えるポイントだ。

だが隠されたプロフィールは、統計的予測をはるかに超えて、隠されたままに留まる。なぜ予想以上にそうなるのか、もう一つ原因がある。集団内での地位が低いメンバーは「討議が進むにつれ、独自の情報を繰り返し発言することをためらうようになる」という発見について考えてみよう。[20] 集団の中では経験不足だとか、序列が低いとか思われている人間は特に、議論が進む中で、独自の情報を主張することを嫌がる。これをビジネスの世界に当てはめると、経験不足とか、まだ評価が確立していない下っ端の人間の意見は、たとえそれが重要な点を指摘していても、リーダーの耳には届かないことになる。ゼネラル・モーターズ（GM）の取締役会でも大統領官邸でも同じことだ。

この結果は、集団のメンバーで特に地位の低い人間は、集団の大半が共有していない情報を主張することには臆病になることを示す。下っ端の人間は口をつぐんでしまうのだ。そうなるのには二つの理由がある。一つは、自分が持っている情報の信頼性と関連性を証明するのがむずかしいこと、もう一つは、他のメンバーが取り上げようとしない類いの議論を主張しすぎれば、集団内で反感を買うリスクを冒すことになるからだ。認知の周辺にいる人間には集団に対する影響力がほとんどないことはすでに見た。独自の情報を持っている人間は、共有情報を持っている人間に比べると議論に参加しなくなるし、認知の周辺にいる人間の発言は軽視されるようになる。熟議の場で独自の情報を主張することに社会的リスクが伴うのは明らかだ。集団にとっては不運なことだが、人はそのようなリスクをよく知っている。

隠されたプロフィールはこのように、集団にとって大きな問題となる。必要な情報を入手できず、その結果間違いを犯すことになる。集団のメンバーは地位の低いメンバーの発言や行動を軽視し、地位の高いメンバーを過大評価する。これは当たり前のことだろうが、それによって、地位の高いメンバーはその実力に関係なく、周りから尊敬される[21]。

好評の効果

それに関連した問題が一つある。共有情報を論じる人は社会的に高い評価を得る傾向にある、つまり、集団で共有情報を論じるとその後、他のメンバーから有能であるとか、好ましい人物だとかいう評価をしてもらえるということだ。この結果はそれほど驚くべきことではない。自分がすでに知っていたことを他人も言ってくれると、その人を尊敬したり、好きになったりするのは人間の本来の性向なのかもしれない（「そんなことを言ってくれる人は頭が良くて、いい人に違いない！」）。驚くべきはこの後で、こちらのほうが意味深な話だ。自分がすでに知っている情報をもう一度他人から言われると、自らの能力や性格についての自己評価が上がる[22]。奇妙な話だが本当（で、重要）だ。自分が知っていることを誰かが話してくれると、その人物のことを好ましく思うだけでなく、自分自身についても少しいい気分になってしまう（「みんながそのことを言っているのなら、私は頭が良くて、いい人に違いない！」）。

対面での話し合いの場合や書面だけでの意見交換の場合、人は自分がすでに知っている情報を受けとると、（知識、能力、信頼性の面で）相手にも自分自身にも高い評価を出す。この結果から は色々なことが考えられる。集団内では、内部でのコンセンサスと思われる意見を受け入れない人間は、様々な側面で自らの評判を危機に陥れるリスクにさらされる。自らのイメージも危うくなる。そう考えると、共通知識が重視され、隠されたプロフィールを公表するチャンスがあったとしても、それについては自己検閲してしまうというのも理解できる。

これについては、こんな対応策はどうだろう。重要だが、他の誰とも共有していない情報を持っていた場合、まず、信用され、信頼されるように努力する。たとえば、「他者が知らないことを話す前に、他者がすでに知っていることを話すことから」始めたらどうだろうか。[23] 集団を正しい方向に導く情報を伝えることができれば、この戦略は成功だ。

第Ｉ部の大ざっぱなまとめ

第Ｉ部の目的は、熟議する集団がもっとも陥りやすい四つの失敗をリストアップすることだった。次の通りだ。

① 集団での討議の結果、メンバー個人の間違いは単に繰り返されるだけでなく、増幅さ

れる。
②集団はカスケード効果の犠牲となる。先に発言・行動する人間によって、後から行動する人間が知っていることを学ぶことが阻まれるからだ。
③集団は極に走るから、討議後の立場はそれ以前の傾向に沿ってより極端なものになる。
④集団討議では、共有情報が優先され、共有されていない情報を議論から締め出す。その結果、集団はメンバーが知っているすべてを把握できない。

情報シグナルと評判プレッシャーによって、この四つの失敗を説明できることはすでに示した。厄介なのは、集団がメンバーの平均値や中間値より良い結果を出すことができず、逆に悪い結果になってしまうことだ。様々な集団の熟議にとって大事なのは、こうした問題を克服し、集団のメンバーが持っている知識や時にメンバーでない人々の知識も活用できる戦略を作り出すことだ。そんなことができるのだろうか。

答えを探してみよう。

Part Ⅱ

どうすれば集団は成功するのか?

Chapter

6

失敗を減らすための八つの方法

集団のリーダーとしては、メンバーの多くが貴重な情報や視点を持っていることはわかっていて、そうしたアイデアを引き出したいと思っている。そんなときはどうしたらいいだろう。管理職はうんざりするほど多くの仕事を抱え、とにかく忙しい。だから、明るい見込みを示してくれたり、心配することはないと言ってくれたりする社員のほうをついつい可愛がってしまう。社員のほうもそんなことは承知で、ボスに悪いニュースを知らせるのをためらうようになる。不安を拡散したいと思う人間はいない。特に自分に関わることに何らかの影響力を持つ人間に対しては。

そんな例はオバマ政権でもあった。「はじめに」でも紹介したナンシー＝アン・デパールとジェフリー・ジエンツの二人はそんなとき、たとえ本当は悪いニュースであっても、真実を知りたいと率直に伝えて問題を解決した。求める答えが出てこないときは、出てくるまで問い続けた。世界中どこでも、賢い集団はこの方法に助けられている。

言っておくが、私たちは楽観論に反対しているわけではない。楽観的な見方や前向きなエネルギーというのは、立場をわきまえてさえいれば、非常に有益である。しかし、選択肢を検討し、計画を練るというプロジェクト初期の段階では、非現実的な楽観論は無用だ。楽観論の出番は決断が下された後だ。そんなときこそ、とるべき行動に全員一致であたる意欲が不可欠であり、最高レベルに到達しようと労を惜しまず、粘り強く努力する気を起こさせるには、多少非現実的な楽観論も役に立つかもしれない。

私たちが強調してきたテーマの一つに「多様性」がある。人種、年齢、性別などでの多様性という意味ではなく、アイデアや視点の多様性という意味だ。何よりも、認知における多様性である。不安が役に立つのはこんなときで、不安だとそのような多様性を感知し作り出す。そしてリーダーは、適切な雰囲気を醸成し、適切な人間を集めることで、さらに豊かな多様性を生みだせる。

多様性と異論が特に大事なのは、これらによって組織が必要とする二つのものが育成されるからだ。「創造性」と「革新性」である。[1] 賢い集団は、少数派の意見を聞いて、固定観念から目覚めることができる。そうすると、新鮮な解決法、時に非常に革新的な方法が生まれてくるかもしれない。多様性と異論が存在すると、参加が活発になり、集団がうまく機能する可能性も高まる。[2]

多様性の力をいかに活用するかを理解することが大切だ。集団の多くは誤って、二つの任務を一つのプロセスにまぜこぜにしてしまいがちだ。多様な視点を必要とする拡散とコンセンサスを作り出す決断という二つの任務を達成するには、それぞれが必要なのはどの段階かを理解し、その目的を別々に達成できるよう集団のプロセスを計画する必要がある。二段階戦略をとって、二つのプロセスをそれぞれ隔離するくらいまで考えてもいい。このような考え方はダーウィン進化論や最近のコンピュータ・サイエンスにおける機械学習の概念でも論じられている(重要な違いもあるが、それについては第7章でさらに述べる)。現段階では、拡散とコンセンサスという二つのプロセスはともに必要だが、解決策を見つけるための大きな戦略においては、別々の段階で進めたほうが功を奏するということを覚えておこう。

心配性のリーダーと多様性が必要だという私たちの主張に沿って、集団を賢くするために必要なことを八つ考えてみた。

① 好奇心旺盛で、自らは沈黙するリーダー

②批判的思考《クリティカル・シンキング》を「プライミング」する
③集団の成功を重視する
④役割を分担する
⑤視点を変える
⑥わざと反対意見を述べる
⑦敵対チーム《レッド・チーム》を作る
⑧デルファイ法

まず、簡単で形式ばらない方法から紹介し、順々により複雑で組織的な方法へと説明を続けよう。

①好奇心旺盛で、自らは沈黙するリーダー

重要な情報を知っていたとしても、自らは発言しようとしない人がいる。社会的地位が高かったり、自らの意見に自信を持っている人間は発言したがる傾向にあることは、すでに見た。[3]
これに関連した結果として、教育レベルが低い人々、アフリカ系アメリカ人、また女性など、

社会的地位が低い集団は熟議では影響力が弱いこともすでに述べた。[4] 陪審員団の審理では、職業や性別で社会的な地位が低いと見做される陪審員は審理への参加も消極的で、影響力も弱いことがわかっている。[5] 一九六〇年代前半の判事や陪審員を調査し、裁判審理についての名著の一つとなっている『アメリカ裁判審理』によれば、審理において男性は女性の二倍発言するとされる。[6] 驚く結果ではない。驚くのは、四〇年後に私たちが行った調査でも、今だに審理では男性が女性の二倍発言しているということだ。企業の多くでも、似たようなことが起きているに違いない。

賢い集団は、こうした結果に注意を払い、正すべき段階を踏む。情報は共有されないと効果がないというリスクがあるが、その情報をリーダーが握っているとそのリスクは回避されることがある。当然のごとく、リーダーは自分の持っている情報をみんなに知らせたがる。そして、リーダーが言うことにはみんなが耳を傾けるから、リーダーの発言は影響力を持つ。[7]

面白い実験がある。研修医、インターン、医学部三年生の三人からなるチームが病気を診断することになった。そこではもっとも地位の高い研修医だけが知っていて、彼（彼女）が強調した情報を重視する傾向を示した。この例では、集団は「隠されたプロフィール」に陥ることはなかった。研修医の情報は誰とも共有されていなかったが、他のメンバーにちゃんと伝えられたからだ。[8] 一般的に言うと、与えられた任務に関連した経験が豊富な人間は、共有されていない情報でも繰り返し発言する傾向が強い。

このような結果になるのは、社会的地位や能力が高い人々は、評判プレッシャーに左右されることが少ないからだ。そうでない人はそのプレッシャーによって黙ってしまう。もう一つの理由は、リーダーや専門家は、自分が持っている情報は重要で、集団内に公開する価値があると考える。それが、他のメンバーが持っている情報と矛盾しても気にしない。

リーダーや社会的地位の高い人が集団の役に立つためにできるのは、共有されていない情報を聞きたいと発言し、聞こうとする意欲を示すことだ。好奇心旺盛な人々は多くを学ぶ。時間がない場合も多いが、リーダーがまだ出てきていない情報はないかを確かめるために短時間のミーティングを開くだけでも役に立つ（政府で働いていたとき、サンスティーンは、特別な理由がなければスタッフのミーティングは一五分以内という「一五分ルール」を作った。時間が限られたため、ミーティングは最初から情報が溢れることになった）。また、リーダーが始めに自分の意見を鮮明にしないでおくと、様々な情報が出てくる場を作り出すことになる。

②批判的思考《クリティカル・シンキング》を「プライミング」する

集団での熟議の際に自ら沈黙してしまうのは、集団が向かう方向性から逸脱する情報を公開すると、自分の評判に傷がつく、報われるどころか罰せられるという意識、そういった社会規範からであることはすでに見た。隠されたプロフィールが隠されたままなのはそのためだ。独自の情報を公開しようとする人は、周りの顰蹙を買う危険を冒すことになるからである。

だが、これは避けられないことではない。社会規範は不変ではない。コンセンサスが報われる集団で、それが知れ渡っていると、自己規制による沈黙は起こりやすい。だが、集団が新しい情報や競合する情報を受け入れることで有名だったら、報酬の考え方が基本的に異なり、より良い成果を生みだすだろう。

社会科学者は「プライミング」の重要性について多くの研究を積み重ねてきた。プライミングとは、人々の選択や行動に影響を与えるような形で、特定の連想や思考を意識するように操作することを言う。男性教師と女子学生に対し、ジェンダーを意識するように操作すると、彼らの行動は変化し、いわゆるジェンダーのステレオタイプに近い行動をするようになる。「ウォール街」という言葉は人々の競争心を刺激し、人々の間での協力の可能性は減る。ある調査では、やろうと言われたゲームの名前が「コミュニティゲーム」だと参加者が信じていると、名前が「ウォール街ゲーム」だと思っているときより協力しようとする意識が強く出てくることがわかった。[9]

自己規制による沈黙もプライミングに影響される。隠されたプロフィールに関連した研究では、実験開始前に、人々に「他者と同調する」方向と「批判的に思考する」方向の二つのどちらかに傾斜するような作業をさせておいた。[10]「同調する方向」の作業を行うと、人々は他者と協力し、仲良くなることが目的と考えるようになり、「批判的思考」の場合、人々は正しい結論に到達することが目的と考えるようになった。批判的思考が必要な作業のプライミングを経ると、人は自ら知っていることを積極的に公開するようになり、隠されたプロフィールが格段に減少した。良いチームプレイヤーとは批判的に考えるタイプで、常に仲間とうまくやろうとするのではない。賢い集団なら、この方向へプライミングができるはずだ。

これは、企業の取締役会など多くの組織でも有効である。アメリカでは業績優秀な企業の取締役会は「異議を唱えることこそが義務と考え、時にかなりのけんかもする、争いの絶えない」ものであることが多い。[11] 投資クラブでは、メンバーが密接な絆で結ばれていて、クラブ内で反対意見が出ないと、結局多額の損を出すことを思い出してほしい。対照的に、そのような絆に欠け、異論や多様性の利点を活用できる投資クラブの業績は高い。[12]

ここから得られる一般的教訓は、民間でも政府でも共通だ。集団の方向性とは異なる情報でも公開を促すようにすれば、自己規制による沈黙はかなり減少する。結果、熟議は改善する。情報適切な社会規範や慣習ができれば、評判プレッシャーの悪影響を削減することができる。情報公開を奨励するのに決まった方法や簡単な方法はない。だが、リーダーシップが大きな違いを生むことは明らかで、リーダーはそうした土壌を作り出せる。暗に同調を強要するようなプレッシャーは取り除ける。異なる意見や不快な見解にも（建前ではなく）真にオープンに向かい合う態度を示すこと、時にそれを物質的報酬という形で表すことは大きな意味を持つ。単にいい気分にさせてくれるだけのおしゃべりも悪くはないが、時にはこんなことを言ってみたらどうだろう。「わかった。ところで、そろそろ私が知るべきことを話してくれないか」。

③集団の成功を重視する

集団で情報を公開してもほんの少ししか報われないとなると、人は自ら口をつぐんでしまうということはすでに述べた。ここで疑問が生まれる。もし集団のメンバーが、自らの答えが正しい場合に報われるのではなく、集団の過半数が正しいときに自分も報われると考えたら、集団としてはどのような成果を残せるだろうか。

このような状況では、隠されたプロフィールやカスケード効果、集団の偏向が発生する可能性は減少する。集団が正しいときにメンバーも報われるとわかれば、自分たちが知っていることを積極的に公開しようという気になる。人々は公開することの利点を自分の判断として取り込むことになり、インセンティヴが変化する。優秀な管理職はそのことをよく心得ている。

慎重に行われた実験によって、インセンティヴの仕組みを変えると、カスケード効果の可能性を減少させることができることがわかった[13]。個々人が、自分だけが正しくても何も得るものはなく、集団が正しいときこそ得るものが大きいと知れば、カスケードは起こりにくくなる。個人が自ら見聞きしたことを集団に報告することが自分のためになると考えると、集団ははるかに良い結果を残せる。メンバーそれぞれが正直に、有益な情報を提供することが、集団の決断を正しい方向へと導くのだ。

集団の成功を重視することで、実社会での決断も改善することができる。多くの頭脳を活用できるようになるからだ。内部告発の例を考えてみよう。ここでいう内部告発は、不適切あるいは違法な活動を公表するという意味だけでなく、集団の計画や行動に不備がある可能性に注意を促すということも含めての広い意味である。そのような告発は、告発者が自らの狭い利害意識から行うのではなく、組織や集団に成功してほしいと願う気持ちから行われる。

確かに、告発者の中には不逞の輩もいるだろう。だが多くは、自分のことは後回しで、真摯に集団の成功を願っている。うまく機能していない集団では、内部告発者は自らリスクを背負うことになるから、そうした告発者はまず出てこない。賢い集団は内部告発も受け入れる。忠誠心は大事だが、集団を成功させたいと思って情報を公開する人に忠誠心がないとは言えない。

ここから引き出せる一般的教訓は、人が集団の成功を自分の成功と同一視するようになれば、集団の方針に関係なく、自分が知っていることを公表するようになるということだ。メンバーが集団の将来ではなく個人的将来を重視すれば、集団としては間違いを犯しやすい。社会規範も物質的報酬もメンバー個人の優先順位の確立に決定的な役割を果たす。このどちらか、あるいは両方を熟議する集団にどう取り入れるかが課題である。

④役割を分担する

1　実証例

集団のメンバーにすでに独自の役割があり、メンバー同士それを認めている集団があると想像してみよう。一人目は医学の専門家、二人目は弁護士、三人目にはＰＲ関係の知識があり、四人目は統計調査の専門家といった具合だ。このような集団では、賢く情報を集約できる可能性が非常に高い。メンバーそれぞれがあらかじめ、他のメンバーが何かしら役に立つ情報を持っていることを承知しているからだ。各々が特定の分野での知識を豊富に持っていることが全員にわかっていて、いわば役割分担ができている場合、隠されたプロフィールが隠れたままでいることは少ない。[14] 専門家が役に立つのは、彼らに専門知識があるからだけではなく、自信を持って発言するからだ。

この仮説はすでにいくつかの実験で実証されている。[15] そんな実験の一つを見てみよう。三人の集団のメンバーそれぞれに、殺人容疑者三人のうちの一人についてだけ充分な情報を与えておく。[16] そうした三人の集団を複数作り、集団の半分には、議論を始める前にメンバーそれぞれの「専門知識」について全員に公表しておく。残りの半分にはそのようなことは知らせないでおく。結果、すでに共有されている情報が重視される傾向は、メンバーの専門知識を公表しておいた集団ではかなり軽減された。公表したことが、情報共有の問題に効果的な対応策として作用したのだ。対照的に、公表はせずに、実験担当者が、メンバーに対して別々に、誰がどの容疑者についての情報を持っているかを知らせた集団では、共有されている情報を重視する傾向はあまり軽減されなかった。

教訓。集団として、個々のメンバーが持っている情報を把握したかったら、議論を始める前に、メンバー全員に対して、個々のメンバーが有用な情報をそれぞれに持っていることを公表しておくことだ。分散する情報を引き出そうと思ったら、役割分担を行って隠されたプロフィールを削減することが効果的である。

実験室から実社会へと目を向けよう。サンスティーンが間近で目撃したように、連邦政府では役割分担がガッチリと決まっている。そのプロセスがうまく行けば、政府内の集団は賢く行動できる。環境保護庁（ＥＰＡ）には大気や水質の浄化についての知識が豊富な職員がたくさんいる。農務省の役人は耕作や農業の専門家だ。運輸省は高速道路や鉄道について知識がある。米通商代表部は国際関係に留意し、アメリカの政策が他国に、ひいてはアメリカとの関係にどのような影響を及ぼすかについてよくわかっている。

情報・規制問題室室長だった頃、サンスティーンはそれぞれ独自の専門知識や視点を持つ省庁の役割が尊重されると、賢明な決断が下されるという例をよく目にした。実際サンスティーンの任務の一つは、意思決定に関わる人々が必ず、異なる役割を持つ、異なる人々の意見に耳を傾けるように仕向けることだった。システムがうまく機能すれば、隠されたプロフィールはなくなり、人々が極端になったり、カスケード効果に見舞われたりすることもなかった。

2 多様な「資産」

政府内では、議論に参加する様々な人々の「資産《エクイティーズ》」という言葉がよく使われる。いい言葉ではないが、毎日使われる政府用語の一つだ（ついでに、他の政府用語も紹介しておこう。「ドゥ・アウト」は会議の後の仕事、「デリバラブル」は仕事の成果、「ループ・イン」は誰かを巻き込むこと、「サークル・バック」は人への対応のことだ。まったく、うんざりする話だ）。「資産」は、様々な人の意見や役割は大事だから、関心を払い、留意し、尊重すべきであることを意味する略語のようなものである。

政府で働く人間は、資産の話をされるとイライラし、時には怒りさえ覚える。事を成し遂げるにはコンセンサスが必要なときがあるが、資産の話は、コンセンサスを作ろうとする努力の障害となる。さらにまずいことに、この言葉には、何が正しいかだけを話し合うのではなく、様々な立場から生まれてくる議論や懸念も取り上げるべきだという意味も含まれる。だが、事をうまく進めるためには、実は資産という考え方が不可欠である。それにより、人々は自分の役割に沿った情報や視点を発表していいというお墨付きを得たことになり、重要な情報が失われることがなくなる。リーダーが情報の把握に長けていない人物であっても、様々な資産を認められた人々の参加によって、集団は必要な情報を集めることができる。

政府が時にまずい決定を下すのは、様々な人々が一堂に会することがなかったときだ。ここでの教訓はわかりやすい。民間でも政府でも、リーダーは、人々が異なる任務や役割を与えられるよう、配慮しなくてはならない。

役割分担の考え方に一工夫加えた方法がある。あまりうまく行っていない組織のリーダーがいると仮定しよう。うまく行っていないのはおそらく、昔ながらの考え方にとらわれてしまっているからだ。個人より集団のほうがうまく行っていない方針に固執する傾向があることを思い出してほしい。さあ、どうしよう。

⑤視点を変える

一九八〇年代、アメリカの大企業インテルがこの問題に直面した。インテルが草分けとなったメモリーチップ市場で一四年間好調に利益を上げていたのが、大幅な減益となったのだ。するとに驚いたことに、インテルは市場からの完全撤退を発表した。[17] CEOのアンドリュー・グローヴは、その決定をこう説明している。

一年ほど行き先も見えず迷走した後の一九八五年半ば、そのときのことをよく覚えている。私は自分のオフィスで、インテル会長でCEOのゴードン・ムーアと社の窮地について話し合っていた。ムードは最悪だった。私は窓のほうに目を向け、遠くで回っているグレート・アメリカ遊園地の観覧車を見ていた。そして、ゴードンのほうに振り返ると、こう尋ねた。

「我々が追い出されて、取締役会が新しいCEOを任命したら、そのCEOは何をすると思う？」

ゴードンはためらうことなく答えた。

「我々をいなかったことにするだろうね」

私はどうでもいい気分で彼を見つめ、そして言った。

「だったら、自分たちで出て行って、戻ってきて、そうしたっていいんだよな」[18]

この話の意義は大きい。グローヴは純粋に仮定の話から自分のいつもの考え方を飛び出して、ムーアと自分自身に新しいCEOならどうするかという疑問をぶつけたのだ。その疑問によって、批判的な目で見ることができる距離が生まれ、自分の視点を変えることができた。インテルにとっては、目覚ましい成功を収める新戦略の始まりだった。集団が行き先も見えず迷走したり、見込みのなさそうな道を歩んだりしたら、「新しいリーダーを連れてきたら、どうするだろうか」と問うてみることが、いかに素晴らしいアイデアか、この話は示している。この単純な疑問が、数多くの思考の呪縛から解き放ってくれるかもしれない。

⑥わざと反対意見を述べる

隠されたプロフィールと自己規制による沈黙が、集団が失敗する原因であるのなら、メンバーの数人にわざと反対意見を述べる「悪魔の代弁者」になってもらって、集団の向かう方向に反する立場を主張させるという手がある。最近では、官民双方で、この悪魔の代弁者という方法への関心が高まっている。基本的な考えは政府の二つの事例から生まれた。一つは、イラク戦争に関連した情報活動の失敗について調査した二〇〇五年の上院委員会報告、もう一つは、アメリカ航空宇宙局（NASA）が起こした一連の失態について調査した二〇〇七年の報告である。

賢いリーダーの中には、悪魔に耳を貸すことの重要性について本能的に気づいている人もいる。そんなリーダーは公式の場で様々な意見を引き出そうとするよりは、自ら（自分とは）異なる（そして相いれない）立場を認めるような話をして、反対意見を誘い出そうとする。いい例がフランクリン・D・ローズヴェルト大統領だ。彼は時に、様々な立場の人々に賛成するような態度を見せるという巧妙なアプローチをとった。顧問たちは、大統領が自分の意見に賛成していると思い、大胆にそれぞれの意見をさらに発展、拡大させた。

ローズヴェルトのアプローチは人々に自信を与え、さらに人々はお墨付きをもらったような気分で、それぞれの立場からの最良の議論を生みだした。ローズヴェルトは、対立する立場からの真摯で力強い議論を聞いた後でなければ、決断を下すことはなかった。意見を出した人々は、大統領が自分と同意見であると、時に誤って確信した。そのため、大統領が本当はどう考えていたかを後に知って動揺することもあったという。

ホワイトハウスではどの政権でも、大統領側近らは疑念を押し隠して、全員一致で大統領を支持しようとするものだ。だから、ローズヴェルトのやり方はいい方法だ。なんと言っても、大統領は忙しく、世界の運命は彼の肩にかかっている。側近らはそんな大統領に面倒をかけたくないし、内部で不協和音を作ろうとは思わない。また、側近らは大統領に気に入ってもらいたいから、大統領や他の側近に異を唱えたりして、彼らの不評を買いたくはない。こうした理由から、大統領側近の中には、いい気分になるおしゃべりだけをする者もいる。そうすれば、対立や不快な状況は避けられる。しかし、それは大統領のためにも、国家のためにも、ひいては世界のためにもならない。大統領の立場は特別ではあるが、同じことはたいていの組織のボスにも当てはまる。

悪魔の代弁者というアイデアは、異なる視点からの意見表明を公式に認めることを目指す。少なくともある有名なケースでは、これは功を奏した。「キューバ危機の際、ケネディ大統領は弟のロバート・ケネディ司法長官に、任務として悪魔の代弁者を演じさせた。それが、時期尚早のコンセンサスを打ち破るという見事な成果をもたらした」とアーヴィング・ジャニスは述べている。そのコンセンサスが打ち破られなければ、戦争になっていたかもしれなかった[19]。ケネディ以後の大統領たちについても、同じような任務を与えていたら良かった事例はなかったか、いつそうしたら良かったか、考えてみるのも無駄なことではない。

悪魔の代弁者の役を引き受ける者はその役割の性質から言って、集団内で優勢な意見を否定することから生まれる評判プレッシャーを避けることができる。なんと言っても、そういう役を演じる役目を負っているのだ。また、反対の立場をとることがまさに与えられた任務なのだから、自己規制による沈黙を引き起こす情報シグナルも気にする必要はない。

悪魔の代弁者が自分の情報が集団内のコンセンサスらしきものに矛盾する情報であっても表明するよう指示を受けている場合は、隠されたプロフィールも隠されたままにはならない。隠されたプロフィールのリスクが高い集団では、悪魔の代弁者が大いに役に立つはずだ。賢くなりたい集団は、悪魔の代弁者を指名するといい。

と、ここまでは理論上の話だ。残念ながら、これについては強く推すことができない。悪魔の代弁者について小規模集団を対象に行った調査では明確な結果が得られなかったからだ。悪魔の代弁者が役に立つことを示す証拠がないわけではない[20]。多くの実験で、本気での反対は集団の行動を改善することが示された[21]。

だが、本気の反対意見と悪魔の代弁として述べる反対意見は違う。悪魔の代弁者では、集団の行動はなかなか改善しない。原因の一つは、そのような役は人為的で、一種の演習やゲームのようなものであり、集団のメンバーもそれに気づいている。悪魔の代弁者はただ、形だけのものに見えてしまう。事実、集団のコンセンサスに対する代弁者の反論がおざなりだと、メンバーはその程度のものとして意に介さなくなる。代弁者にできるのはせいぜい、課題に対してより精緻な検討が行われるようにすることぐらいである[22]。

恣意的に選ばれた代弁者は役を演じているだけであって、本気で集団のメンバーを説得しようという気はない。コンセンサスによって反対意見が潰される事態を許しても、役目は果たしたことになる。本気で反対している人間とは違い、代弁者は優勢な意見に果敢に挑戦しても得るものはない。結果、代弁者はコンセンサスに対してあまり熱心に異を唱えなくなることが多い[23]。

ここでの教訓は、悪魔の代弁者という方法を効果的に使うためには、反対者が本気で反対する必要があるということだ。そうであれば、より良い決定が生まれる。そうでなければ、正しい方向に向かわせる影響力もない、単なる形式に終わってしまう。現状から考えると、集団内に本気の反対意見を取り入れるようにしたほうがはるかに効果的である。たとえば、恣意的に悪魔の代弁者を選ぶのではなく、異なる知識や視点を代表する専門家に代弁者になってもらうのだ。討議前の段階で異なる解決策を本気で支持している人間を集めた反対集団を指命しておくと、隠されたプロフィールに関連する問題のいくつかを解決できるかもしれない。〔24〕

⑦敵対《レッド・》チーム《チーム》を作る

悪魔の代弁者を指名するやり方と似ている、もう一つの方法が「敵対チーム《レッド・チーム》」を作ることである。こちらの効果については実証済みだ。軍事分野でのチームワークで盛んに用いられているが、ビジネスや政府など他の分野でも使えるはずだ。〔25〕野心的な行動プランの実行のときこそ、敵対チームは役に立つ。

敵対チームは、第一のチームの課題解決プランを批判、あるいは論破する任務を負う。基本的には二つの形がある。一つは対戦相手の役で、模擬演習で第一のチームを打ち破ることを目的とする。もう一つは悪魔の代弁者と同じ指示を受けたもので、提案や計画に対してもっとも有効な反対案を考え出す。そうした役割を一人以上の人間に与えれば、恣意的な役割配分だとしてもかなりの改善が期待できる。反対者が一人以上いるということ自体が、意見の多様性の価値を認める、少なくとも多様性が重要であることを指し示す社会的根拠となるようだ。心配性の人は敵対チームと同じ機能を果たすが、時に最悪のシナリオを検証するために敵対チームを設定したりもする。

軍部のすべての部門が、また政府の多くの部署が、この方法を応用して用いている（重要な規制は、非公式の敵対チームによって検証されることもある）。敵対チームによる検証サービスを企業に提供する会社もある。企業が設定したコンピュータ・セキュリティシステムに侵入すること（でその脆弱性を暴くこと）を請け負う「善玉ハッカー」がその例だ。

法律事務所では、公判前の会合で敵対チームに対して弁論を試すのが長年の慣習になっている。重要な公判では、別の法律事務所の弁護士を雇って、自分たちの弁護士に対する反論を準備させることもある。こうした検証は模擬陪審員の前で行われることが多い。自分たちの弁論と敵対チームの弁論を、本当の裁判で判決を下す陪審員に近い、市民の視点で評価してもらうためだ。

すべてに通用する方法はないから、組織によって敵対チーム作成の可能性とコストは異なる。だが、敵対チームが効果を発する場面は多い。とりわけ、敵対チームが相手側の間違いや弱点を見つけるという明白な任務を帯び、まさにそのために真剣に努力する場合は効果的である。

⑧デルファイ法

個人が持つ情報を活用しつつ、集団が討議を通じて学習することを支援する方法があるか。評判プレッシャーを克服するためには、リーダーがメンバーに対して、討議に入る前に匿名で別々に意見を表明する機会を与えるという方法もある。こうすれば、他のメンバーの個人的意見を知ることができる。秘密投票は、人々を評判プレッシャーから守り、本心を明かすことを可能にする方法だとされる。より多くの情報を引き出すため、秘密予備投票を行うことをプロセスの一部として実施してもいいかもしれない。だが、その場合は、秘密投票で明らかになった結果を集団はどう扱ったらいいかが問題になる。

この問題に答える方法として、大胆だが、集団のメンバーの意見を公に集約する「デルファイ法」を提案したい。デルファイ法はコンピュータ・ネットワークでも、伝統的な対面会合でも使える。[26] 様々な応用がある中で、鍵となる要素がいくつかある。単純に言えば、ソーシャル・ラーニングを使って平均化する方法だ。

仕組みはこうだ。まず個々のメンバーは一回目の評価（投票）を完全に匿名で行う。同じような評価（投票）が繰り返されていくが、毎回結果を収束させる統計的条件がつけられる。つまり、二回目の投票は、一回目の投票を四分割したうちの中間の範囲（二五〜七五％）内に収めることが求められる。メンバーの投票結果が一点に収束するまでこのプロセスは続けられる。基本的には社会的平均化のプロセスだが、人々は平均値や中間値に収束していくわけではない。一つ前の投票での意見の分散状況を見て、それを参考にして人は新たな投票を行うからだ。このやり方だと、単なる数値計算と違って、自信たっぷりの（あるいは頑固な）人が最終結果に大きな影響を及ぼすことも可能になる。

デルファイ法には、そもそも冷戦時代に軍事・外交面の分析を補完するものとしてランド研究所が開発したという、奇妙な歴史がある。当初は、軍事技術の開発予測と戦略的外交交渉や戦争の際の相手側の出方を予測する際に用いられた。ランド研究所の他の発明同様、デルファイ法も平時の問題に応用されるようになり、多くは政治（体制変革や選挙結果など）や経済（売上高や失業率など）の動きを予測するのに使われた。最近では、結論や解決策についてのコンセンサスを押し付けるためではなく、情報共有を促進するために使われている。たとえば、中南米でウェブ方式の国際コミュニケーション・システム構築に関する提案作成のときには、一〇〇〇件以上の情報を集めることができた[27]。

デルファイ法にはいくつか利点がある。第一に、個人的な意見の表明ではまず匿名性が守られることだ。匿名にする目的は「強硬な発言や独断的な主張、あるいは多数派が生みだす評判プレッシャーを取り除く」ことだ。[23] 第二に、他者の意見に対してフィードバックする機会が生まれる。集団のメンバーは話し合うことが許されているから、踏み込んだ内容を話し合うこともあれば、結論だけを話し合うこともある。匿名で示された結論は統計や全投票の分布図《ヒストグラム》などの形で、進行役から常にメンバー全員に知らされる。その結果、「フィードバックは、もっとも強硬なメンバーだけでなく全員の意見や判断を含むものになる」。[29] 最後に、必要な意見交換を行った後、再び集団のメンバーの判断が集められ、同じ方法で集計される。

状況によっては、デルファイ法はうまく機能する。[30] 一般知識的な問題では、この方法は個人の判断より良い結果を示した。だがこの場合は、実際の話し合いのほうが間違いを訂正できるため、さらに良い結果だった。[31] デルファイ法は、集団のメンバーが単に平均値や中間値を知らされるだけよりも、意見の根拠についても知らされたほうが成功する確率が高い。[32] 根拠を説明されると、人は正しい答えのほうに向かう。[33] デルファイ法は、新しいテクノロジーを使っても利用できる。

人々に一定の身長と体重を教えて、そのような体格の人物は男性か女性か、どちらの可能性が高いかを答えてもらった実験がある。[34] この課題では、熟議集団も統計集団も結果に大差なく、熟議集団のほうが悪い結果だったこともあった（第1章で見たように、統計集団とは結論を出す前に話し合うことはしない集団で、結論は通常、数式で客観的に導き出される）。だが、デルファイ法に近い三番目の方法も試してみた。この方法では、人々はまず、個人で結論を出す。その後話し合いを経て、今度は最終的な結論を出す。この方法をとった集団がもっとも良い結果を示した。評価→話し合い→評価という単純な方法で、誤りが激減したのである。

デルファイ法に代わるものとしてよく出てくるのが、熟議の後で最終判断だけを匿名で投票する方法だ。事前の段階でも最終段階でも匿名が守られれば、集団のメンバーを評判プレッシャーにさらすことはなく、それだけ、自己規制による沈黙の問題も軽減する。賢い集団を目指すなら、デルファイ法やその簡易版を試してみるべきだ。デルファイ法の細かい決まりごとにとらわれる必要はない。最初にどの程度匿名とするか、どの程度の討議にするかをもっと自由に組み合わせて構わない。

さて、比較的簡単なものから組織的なものまでいくつかのアプローチを見てきた。そのすべてに集団を賢くする証拠がある。管理職は厄介者になってはいけないが、人々を自己満足から揺り起こし、最悪のシナリオについてもある程度考えてみさせることは必要だ。ここで紹介したアプローチはすべて、ほんの少し集団の雰囲気を暗くするかもしれない。私たちの経験から言うと、役割を与える方法は特に有望で、今よりもっと広く活用していい。ただし、これはゲームではない。真剣に演じ切らなくてはいけないのだ。

マネー・ボール

すでにマイケル・ルイスの著書『マネー・ボール』の話はした。直感や逸話、経験を元にした判断より、統計的分析のほうが正しい結果をもたらすことを示した話だ。本章の中心テーマは、いかにして集団の成果を改善するかだった。だが最後に、できる限りデータや証拠を尊重することの重要性について、もう一つ言っておきたい。連邦政府では、費用対効果分析は今や常套手段で、個人や集団の誤りを正す重要な方法だと考えられている。データを入手、分析できれば、問題のほとんどは解決できる。なぜなら、問題の多くは、私たちが現実から乖離してしまったことに起因するからだ。議論に現実味を加え、希望的観測や偏向した意見を排除するのに、経験的実証、特にデータや数字の形での証拠にかなうものはない。

Chapter

7

改善のための二つのフレームワーク——識別と選択

意思決定や問題解決のプロセスでは、余計なものをふるい落として、適切な解決策の固まりを探し出す批判的思考《クリティカル・シンキング》が必要だ。だが、そうでない場合もある。批判的視点ではなく、クリエイティヴで、柔軟なアプローチが必要なときだ。私たちは長年、集団プロジェクトに加わり、また関連の行動実験結果も多数見てきた。その中で行き着いた結論が、そうしたプロセスを二つの段階に区別して考えると、グループワークの可能性を広げ、役に立つ知見が得られるということである。この点については前にも触れたが、問題解決プロセスの拡散段階と収束段階をどのように分け、それぞれの段階をどのように仕切り、最大限の効果を得るにはどうしたらいいか、そろそろ詳しい話に入ろう。

始めから可能な解決策がわかっていて、集団がすべきはその中から最善の策を選択するだけの場合もある。だが、たいていはもっと複雑な問題に対処しなくてはならない。その場合、集団にとっての最大の課題は、「解決策となりえるものの識別」となる。最善の策を選択する前にまず、そのような策を見つけ、一覧を作るのだ。実践では、全体のプロセスを識別と選択の二段階に分けたほうが効果は高い。この二つの段階の効果を上げる条件はそれぞれ異なる。いかにうまくプロセスを進めるか、それは、二つの段階をどのタイミングで設定し、それぞれの段階で最大限の効果を上げるにはどのような状況を作り出したらいいかにかかっている。

これまで述べてきたことのほとんどはイノベーションと探索《サーチ》に関わることで、最善の策の選択という話ではない。敵対チームや役割演技を利用して、集団が当初無視していた解決策が表面化したり、すでに組上に上がっている策の評価や選択が進んだりする例を見てきた。本章では、解決策の識別と選択の二つを厳格に分け、集団はこの二つの任務にそれぞれどのようにあたればいいかを探っていく。

識別と選択の違い

識別と選択の二段階プロセスには色々な呼び方がある。生物学ではダーウィン進化論の基本メカニズムであり、哲学では、普遍ダーウィニズムとか進化論的認識論と呼ばれる。心理学では試行錯誤学習にあたる。〔1〕このような名称はすべて同じ二段階プロセスを指すが、おそらくその原点となった進化論を参考に考えてみるとわかりやすい。種の進化では、生殖を通じての遺伝子組み換えや突然変異によって様々な特徴を持った生物が生まれる。そして、環境がその中から適者を選択する。この「解決策」——ここでは適者となった生物——が遺伝コードを通して次世代へと受け継がれ、これが何世代も繰り返し行われる。新しい生物の誕生（集団プロセスに当てはめると、これが「識別」にあたる）と次世代につなげる適者の「選択」という、この二段階プロセスが何度も繰り返され、最終的に進化によって環境に適さない生物は「除外される」。そうやって、「順応した」結果が、最良の形に近い生物である。

識別と選択プロセスは、コンピュータ・サイエンスの機械学習の分野での基本メカニズムでもある。こちらでは、「遺伝的アルゴリズム」と呼ばれる。〔2〕たとえば、ある方程式の解答のために複雑な数学的空間を探し出すなど、複雑な学習が必要なプログラムの場合を考えてみよう。まず、解答の基本テンプレートが設定され、プログラムはランダムに様々な数値を試し始める。ランダムなプロセスで出てきた解答が目標に近いもの（解答候補群）であれば、その解答候補群の組み合わせを変えて、また計算される。解答候補は残され、組み替えられるが、解答にならないものは取り除かれる。最適解が見つかるまで、（残っている解答候補を組み替える）

「識別」と「選択」は何千回（世代）と繰り返される。この識別・選択プロセスをいかに精密にしていくかが、今日のコンピュータ・サイエンスの主要研究課題の一つである。大量のデータの中からパターンを探し出そうとする、画期的なデータマイニング・アプリの多くでも、この遺伝的アルゴリズムを使った機械学習アプローチが使われている。

人の創造力と概念学習についての心理学理論も同じアイデアを基本にしている。実践的な形にしたものは、IDEO、エウレカ！、ランチなど新しい発想を企業に提供するデザイン・コンサルタント会社で毎日のように利用されている。[3] このような会社が発想の元とするのが、二段階プロセスである。新しい策を考え出すブレイン・ストーミングと、そこから出てきた策を批判、評価して最善のものを選択する二つだ。

意思決定を行う集団には機械学習や適者生存のように何千回も試してみる時間はないが、三回くらいまでなら識別と選択の二段階プロセスを試すことができる。条件さえ良ければ、二段階プロセスを一回行うだけでも、一人の優秀な人間が到達する解決策に勝る策を集団として生みだすことができるはずだ。

識別の段階では、様々な案を考え出すことに集中し、それらの案を時間をかけて評価したり、却下するような判断は下さない。この段階は、検討に値する解決策を探して、リストにどんどん足していくときだ（コンピュータ・ゲーム制作会社が最新のバーチャルリアリティ・システムを探しているなら、そのシステムを作る会社を買収する）。または、現在あるデザインを洗練させたり、いいデザインをいくつか組み合わせるという手もある（アップルのiPhoneは、それまでの携帯が持っていた機能をカッコよく組み合わせたもので、それぞれの機能がレベルアップし、統合されて、他を圧倒する製品となった）。さらには、新たな解決策を作る、「発明」という方法に向かってもいい（家電メーカーが巨額を投じて自社製品に使われている電気モーターを再設計、強力だが重さはこれまでの一〇分の一、そして金属ブラシを回転させる方式ではなく磁気パルスの原理を利用したモーターを発明する）。識別は批判的な目を捨て、視野を広くして見回すと成功する。選択では逆に批判的な評価が重要だ。問題解決の仕組みはこの二つをきちんと分けておけばうまく機能する。選択の過程で必要な要素は批判的視点、不安感、疑いの目を持っての評価だが、これらは創造力を働かせ、視野を広くして取り組む識別の過程の要素とは正反対のものだ。

識別と選択の二段階プロセスをうまく進める条件は何か、新しいソーシャル・ネットワークを構築しようと考えている企業を例に考えてみよう。そんなことは大冒険で、ばかげているかもしれないが、しばらくお付き合い願いたい。

第二（選択）段階で検討する価値のあるネットワークサイト案を、まず第一段階で識別しなくてはならないが、どうしたらいいか。すでにネット上には多くのソーシャル・ネットワーキング・サイトがある。すでに存在するものの中から探すというのは、識別の出発点として合理的だ。ちょっと探せば、マイスペース、フェイスブック、グーグル＋、リンクトイン、ツィッター、ミートアップ、ＶＫ、ピンタレストなど、数多くのサイトが見つかる。

すでにあるサイトが解決策となる会社もある。資金さえあれば、すでにあるものを探し出して、それを手に入れてしまえばいい。経済ニュースでは毎日のように見る話題だが、グーグルもフェイスブックもマイクロソフトもＩＢＭも革新的な中小企業を買い漁っている。私たちが例にした会社も、識別段階ではすでにあるサイトの中から適切なサイトをできるだけ多く発見すればいいだけだ。候補となるサイトは次の選択段階に回され、会社が理想とするサイトの条件を念頭に検討される。そして候補の中から、最善のサイトを選択し、手に入れる。

識別段階での方法が探索《サーチ》だった場合、探索は広い範囲で、なるべく選り好みせずに行ったほうがいい。探索を幅広く行うためには、様々な手がかりを追うとか、色々な方向を見渡して広く解決策が見つかりそうなところで探し回るといい。探索の数が多い、種類が多い、別々に探索しているなどは、識別段階を成功させる要素である。

識別段階での第二のアプローチは、すでにあるサイトを再設計、洗練させるという方法だ。存在するサイトを真似し、少し、あるいは大幅でも、修正を加えることで、革新的な解決策を作り出す。すでにある良策を見つけ、それを改良したり、いくつかの策を組み合わせるという方法は創造性の基盤だ。『エール大学式４つの思考道具箱』という本には個人の創造力の開発についてのアイデアが満載だが、そこでも、類推の活用や、一つの案を当初の設定から別の設定に移して考えてみることの価値が強調されている。[4]

デンマークでヒットしたテレビ番組があったら、それのアメリカ版を作ってみる。ヨーロッパのホテルで成功した節約法があったら、アメリカのモーテルでも実施してみる。ここで私たちが例にしている企業にとっては、リンクトインが参考になりそうだと仮定しよう。リンクトインは（ちょっと気に障るが）、働いている人間やプロフェッショナル向けの人気サイトで、キャリア開発や採用などの面で利用者の役に立っている。これを元に新しいサイトを考えるとすると、一定の職業の人専用のネットワークなどはどうだろう。たとえば、プロのスポーツ選手向けのキャリア開発ネットワークだ。サイトはその職業の必要に応じて特別な内容にする。スポーツ選手用だったら、スポンサーを探している選手のためにはこれまでの成績を確認できる仕組み、選手を探しているスポンサーのためには連絡先の情報、生徒を探しているスポーツセンターやコーチのためには……という具合だ。

第三のアプローチは、他のどのサイトにもない新たなものを発明することだ。たとえば、社会集団の基本は家族である。ならば、家族をつなげるサイトはどうだろう。家族向けのアーカイヴ（写真アルバム、料理のレシピ、履歴、病歴などの保管）やサービス（家系図作りや結婚式のプラン作りなど）を提供し、親戚つながりで見つけた人々を新たにメンバーにしていくものだ。

最初に出てくるアイデアの中にはばかげていたり、即座に却下されるものも多いだろう。いい策ではあるのだが、今会社が直面している問題の解決にならないという理由で却下されるものもある。だが、識別プロセスを効果的に踏んでいれば、検討に値する解決案リストには有望な、時には最善に近い策が含まれているはずだ。識別段階で重要なのは、使えそうな解決案をたくさん作り出すことである。

そうした案が選択段階に回される。この段階では、最善の策を選ぶために、解決案を批判的に検討する。集団のメンバーが通常最初に行うのは、良い解決策の基準をもう一度見直すことだ。すでに言ったように、識別段階から送られてきた候補の多くはすぐに却下されてしまうようなものだ。しかし、たまにサプライズがある。パッとしなかった案が最適、最善のものだとわかることがあるのだ。

私たちの仮想会社の例に戻ろう。会社が考えているのは、フェイスブック利用者をフェイスブックから自社サイトに乗り換えさせる戦略だとする。そして批判的に検討した結果、家族向けサイトがもっとも有望な戦略となった。このようなサイトは、親や祖父母の世代など現在フェイスブックを利用していない年齢層をターゲットにできる。また、若い世代のフェイスブック利用者も歳をとって、いずれ親という立場になれば、家族向けのソーシャル・ネットワークに興味を持つようになるかもしれない。言っておくが、私たちはここでフェイスブックに対抗するものを発明したいわけではない（ただ考えてみると、家族向けサイトというのは悪いアイデアではないかもしれない）。ソーシャル・ネットワークの問題を例に取り上げたのは、識別と選択のそれぞれの仕組みがどう機能するかを示したかったからである。

二段階法を有効にするには、解決案を識別する前に、最適案の基準をしっかり理解しておかなくてはならない。識別段階でも基準を頭の隅に入れておくと、それが、より良い候補を探し出すプロセスを無意識に、微妙な形で導いてくれるかもしれない。そしてもちろん、基準の理解は選択段階では不可欠である。絶妙なバランス感覚を要する局面だ。識別段階で解決案の候補を広く探し求めると、なかなか次の段階へとプロセスを進められない。しかし、基準をまったく無視して探し回ると、役に立たない候補を大量生産してしまう。

意思決定の二段階——ガイドライン

革新的な発想を提供するIDEOのような会社では、集団の対面での熟議で正しいバランスをとっているようだ。集団はまず、顧客が解決策に求めているものの基準について徹底的に検証する。次に、その基準を意識の底にしまいこみ、集団のプロセスでも脇に追いやっておいて、解決案を考え出す。選択段階になって、この基準に立ち戻り、識別された解決案を厳密に評価する。

識別段階では、種類の多さ、独自性、多様さが、整合性とか分析の根拠などより重視される。様々な視点、異なる知識、異なるスキルを持ったチーム、簡単に言えば多様性のあるチームのほうが数も多く、多様な解決案を生みだす。解決案の識別に探索という方法をとるのであれば、探索の範囲は広いほうがいい。

識別段階には、五つの大切なガイドラインがある。

①目的と基準を最初から明確に定義しておく。そして、その二つを後の評価でも用いる。そうすることで、関連性が高く、目的にかなった解決策の範囲を大幅には超えない候補を考え出す方向に意識を暗に向かわせる《プライム》することができる。

②識別と選択をはっきり区別する。識別段階では、過度の批判や評価は行わない。これらは後半の選択段階で有用になる。

③集団作業（討議、ネットワークを使っての情報収集）を始めるに際しては、個々のメンバーが考えている最善の具体策や、策を考える上での姿勢を全員で共有する。そして、集団熟議の合間に、個々のメンバーが自分のそれまでの考えや他のメンバーの意見を参考にして、新たな案を考える時間を作る。

④識別段階では、一人の頭の中でもみんなの間でも、多様な解決策が出てくるような環境を作る。匿名での情報提供によって、厳密な分析をおろそかにさせるような評判プレッシャーを回避すると、さらに多様性が生まれやすくなることもある。

⑤識別段階で生まれた案を何らかの形で記録、記憶しておく。フリップチャート、付箋紙、電子ファイルなどが集団ではよく使われる。革新的発想を提供するコンサルタント会社は、視覚的な合図を効果的に用いている。

選択段階のガイドラインは、これとはかなり異なる。

①最善策の基準を見直す。そして必要ならば、識別段階から回ってきた案を具体的に実証するテストを行うことを考える。組織のトップに近い人物、あるいはチームや組織の任務や最終的な目標に精通していると認められる人物を、集団に加えることが役に立つ場合もある。また、このプロセスの成果物を利用する人々の意見を聞くことが役に立つ場合もある。たとえば、成果物を利用したり消費したりする顧客、規制によって影響を受ける市民、さらには、その策の実施やその余波について知ることのできる人たちである（第12章を参照）。

②解決案についてフィードバックする人たちの地位、好感度、おしゃべり好きなど、（評価に）無関係な社会的要素によって、評価に偏見を持ち込んではならない。この点については、繰り返しになるが、（秘密投票など）匿名でのプロセスがもっとも予防効果が高い。

③（独自の）個々の評価を全体のコンセンサスにまとめ上げる方法は、誰の目にも明白なものとする。

選択段階での②と③のガイドラインに即して、いくつか工夫を凝らした方法が生まれた。投票方法と市場メカニズム（投票の裏工作をむずかしくしたり、バブルや「市場操作」に強い仕組みなど）を不当介入から守る仕組みだ。また、少数者の利益を守り、選択された案を支持しなかった人々も結果を受け入れ、その実施を支持することができるよう、最大限の努力をする。[5] そのプロジェクトの検証は、多様な意見を代表する人々が参加できる形とするが、同時に実際の検証プロセスは（外部からの影響を受けないようにするため）非公開にすると、その効果は上がる。

ガイドラインを実行に移すには

さて、ここまでは原則論だ。これからは具体例を見ていこう。

最初の例は、本書の原題（*Wiser*）の決定過程にも関係するものだ。All Our Ideasは、標本調査を使って集合知を引き出して利用する調査サイトだ。近年、官民のどちらからも注目を集めている。一例としては、国連持続可能な開発部門は人々の優先順位を把握するために、このクラウドソーシング・ツールを使っている。

その仕組みはこうだ。人々は二つの選択肢を与えられ、どちらを優先させたいか、答を求められる。たとえば、「国内総生産（GDP）を順調にする」と「世界保健機関が設定した大気環境基準」のどちらを重視すべきかという選択だ。どちらかを選ぶと、次にまた二者択一の選択肢があり、さらに次の選択肢というように続いていく。すでに設定されている多数の選択肢があり、それに答えていくのだ。さらに、回答者は自分なりの質問を加えることができ、後の回答者は加えられた選択肢に答えていく。回答は、当てずっぽうな選択と比べて、回答者に選ばれる確率が高い順に並べられる。

All Our Ideasが、識別（回答者が自分なりの質問を加えられる）と選択（回答者が選ぶ）の二つを行えるようにしていることがわかるだろう。これを設計したのは、この分野の先駆者であるプリンストン大学の社会学者、マシュー・サルガニクだが、二つの目標を一度に達成できる一石二鳥を狙ったと話してくれた。さて、これと本書の題名との関連だが、題名を決めるにあたって、出版社が九つのアイデアを出し、統計調査を行った人間がさらに九つ出してきた。これらの題名すべてに対して投じられた投票総数は二〇〇〇以上になった。だが、私たちが考えた題名はその中にはなかった。すると、誰かがある提案をし、それが回答リストのトップ近くに躍り出て、私たちも気に入った。All Our Ideas は確かに、識別と選択をうまく統合する方法を考え出した。

このサイトに関する成功例は数多く、今でも増え続けている。国際的NGOのカトリック救済サービス（CRS）もその一つで、採用とキャリア開発に関する新しい世界共通ガイドラインの設立のために、このサイトを利用した。

All Our Ideas については、半分冗談、半分検証のつもりで、新たな調査を加えてみた。アメリカでもっとも深刻な大気汚染問題についての調査だ。選択肢としては粒子状物質、ベンジン、ヒ素、オゾン、二酸化炭素、一酸化炭素などを含めた。私たちも専門家も、粒子状物質がトップで、それに迫るのが（最大の温室効果ガスである）二酸化炭素ではないかと考えた。だが、粒子状物質という言葉に強く反応する人間は少ないかもしれないと思い、いたずら気分もあってヒ素を加えてみた。ヒ素は大気汚染物質としては深刻なものではないが、誰も周りの空気にヒ素など入っていてほしくはない。二〇〇人以上が調査に参加したが、私たちが驚いたのは、粒子状物質が第一位、二酸化炭素が第二位、そしてヒ素は最下位だったことだ。なるほど賢い群衆もいるものだ。

企業は問題解決法を識別、選択するのに、ブレインストーミングという方法をよく使う。実施するのは社内でもいいし、アウトソーシングしてもいい。IDEO、エウレカ!、ランチなどの企業は自分たちの革新的方法について公表している。[6] IDEOは自分たちの識別・選択メカニズムを「イノベーション抽出漏斗《じょうご》」と呼んでいる。多くの解決策を識別あるいは作り出すために、入り口は漏斗のように大きく広げて、異なる考え方を限りなく取り入れる（IDEOではここの部分を「ディープ・ダイブ」と呼ぶ）。次に適切な解決策を選ぶために、徐々に一つか二つの案に範囲を狭めていく。このプロセスには第三段階もあり、勝ち残った解決案の試作品を作り、さらに手を加えて、最終的に実施可能な案へと統合していく段階だ。

IDEOでは、識別段階でも選択段階でも三つの手順をとる。

・識別段階の手順

①顧客との打ち合わせで、目的を確認し、理想的な解決策を阻む限界をはっきりさせる

②解決案をメンバーが個々に考え出し、それをみんなで共有、さらに、建設的で、過度な批判を控えたやりとりから何かを作り出すというブレインストーミングのサイクルを繰り返す

③解決案の経緯を記録しておく

・選択段階の手順

①目的を再確認し、時には目的を主に考えるメンバーを加える

②目的にかなう基準を念頭に、各解決案を厳密に検証する

③通常は単純多数決で最終案を決定する

チーム内の上役や顧客企業だけが最終段階の評価と投票に関わるときもある。彼らは、事情にもっとも精通していて、目的や適切な解決案の基準についてもっとも関心を持っている人々だからだ。

実際のビジネスでは、イノベーションに関わる手順には第三段階もついていることが多い。デザイン実行の段階で、最終的な実施の前に、識別・選択メカニズムを経て生まれてきた解決策の試作品を作り、検証し、さらに手を加えていくプロセスだ。画期的だと思われているアップルやマイクロソフトなどの企業はまさに、最後の一工夫を経て実施したからこその結果であることに気づいてほしい。iPod、iPhone、iPadなどはアップルが挑戦する以前から、技術的に重要な部分ではすでに充分に「開発が進んでいた」と言っていい。ただアップルが関わって

初めて、そのデザインやエンジニアリング担当スタッフの工夫が加わり、それまでよりはるかにユーザーフレンドリーな製品が出来上がったのである。

だからと言ってアップルを馬鹿にするわけではない。ただ、アップルがこうした製品を発明したというのは正確ではない。アップルがしたのは、類似の製品が数多く散在する空間から特徴的な要素を選び出し、それらを組み合わせ、一工夫加えて、使いやすい、見た目もいい、みんなが欲しがるような製品に仕立て上げたことである。

識別と選択で偏見を減らす

第2章で、偏見が集団の成果を歪める例を数多く見てきた。だが幸運なことに、識別と選択を適切に行えば、偏見がもたらす悪影響を減らすことができる。

偏見は、情報収集が少なすぎたり、少数の情報に理由もなく執着したりと、近視眼的なものの見方に関係していることが多い。識別段階は、広い視野で幅広く取り組むから、こうした問題に対処することができる。利用可能性ヒューリスティックは、目立ちやすい一つの鍵とか一片の情報とかに集中しすぎるという偏った見方だ。識別段階で、集団が一つの解決策だけでなく、複数の策に関連する情報を集めることができれば、利用可能性ヒューリスティックの影響を減らしたり、ゼロにすることができる。集団に多様性があると、これは特に高い効果を生む。

フレーミング効果も、頑なな思考の現れである。集団のメンバー全員が、課題について同じ枠組で考えていると、集団の決定では、その枠組が生みだす偏見がさらに増幅されて現れる。フレーミングは、集団の極化の元になるミクロメカニズムである。識別段階で視野を広く持てば、別の意見が議論に含まれて来るチャンスが多くなり、結果、極に走る動きを抑えることができる。

確証バイアスも、限界を定めない取り組み方から始めれば減らせる。プロセスを二段階に明確に分離し、識別段階で広い視点を重視すると、集団の行動は大幅に改善できる。徹底した識別プロセスであれば、集団思考や過度な同一化の名残りがある集団にはありがちな、自己中心性バイアスも減らす、あるいは取り除くことができる。後知恵バイアスは、実際に出てきた結果だけ見ているために、現実的な、未来志向の見方の特徴である、別の可能性に目を向ける柔軟な視点を取り戻すことができなくなる。ここでも、何事にもとらわれない自由な議論が、その偏見を減らす。識別段階を改善すれば、その効果はさらに増す。

計画錯誤も近視眼的な見方によるもので、きれいにまとまった一つのシナリオしか見えなくなる。これもまた、徹底した識別を行えば、一つのシナリオだけでなく、一つの状況でも複雑な展開があることが見えてくる。徹底した識別が最適な効果をもたらせば、戦略全体も、いわゆる内部思考ではなく、関連あるシナリオを比較する外部思考へと変化させることができる。〔7〕第二段階も明確に分離、徹底して行えば、特に、行動の目的や影響について充分に検討しないことから生まれる判断ミスを減らせる。未来志向の分析を厳密に行えば、まずい戦略や埋没費用にさらにのめり込む傾向に対抗することができる。

確かに、二段階プロセスを強化しても、減らすことのできない偏見が存在することは認める。たとえば、代表性ヒューリスティックや類似性思考だ。本能的で強力なこの偏見は、単に近視眼的見方から生まれるものでなく、体系的な評価分析で簡単に解決できるものでもない。ここで私たちが提案できる対応策は、分析的、統計的方法に精通することしかない。個人の専門知識と、組織としてデータを基にした、論理的な議論を奨励する雰囲気があれば、右のようなヒューリスティックに頼る傾向に対抗できるようになるかもしれない。

費用対効果分析

より体系的な評価分析とは、正確には何のことか。分析的な思考とデータに基づいたものであることはすでに述べた。米連邦政府では、体系的評価分析とは、具体的には費用対効果分析のことだ。規制関連の決定に関して、レーガン大統領が一九八一年に導入した。法的許容範囲内において、規制の効果がその費用を上回らなかった場合、あるいは選択された方法が「全体として最大限の効果を生まなかった」場合、規制担当官庁はその規制を継続してはならない、とレーガンは言った。

後者の場合の意味は、効果が費用を上回る方法を見つけた場合でも、担当官庁は全体としての効果がさらに高い方法はないかどうか、検討しなくてはならないということだ。レーガンのこのアイデアは、環境保護、食の安全、高速道路や航空機の危険の削減、医療ケアの拡充、移民問題の改善、エネルギー供給、国土安全の強化など、とてつもなく広い範囲で取り入れられた。レーガンのこのアプローチが民主・共和両党の支持を得たことの意味は大きい。費用対効果のバランスと効果の最大化という要件は、すでに三〇年以上アメリカ政府に生き続けている原則である。

ＯＩＲＡでのサンスティーンの仕事の大半は、この要件が満たされるよう監督することだった。連邦政府では、人々の偏った行動に対して、費用対効果のバランスはなくてはならない予防措置である。たとえば、最近食中毒のような事件が起こったとしよう。当然規制措置で対処しようと思う。だが、その措置は効果的か。費用はどのくらいか。費用対効果分析は、こうした正しい疑問に気づかせてくれる。

サンスティーンが政府で働いていたとき、閣僚の一人が、「キャス、どうやったら人の命に値段がつけられるのか」と聞いてきたことがある。これは大事な質問だ。だが、経済学者には答えがある（細かい話は別として、値段はおよそ九〇〇万ドルになる。ゾッとするかもしれないが、見方を変えてみよう。致死率を一〇万分の一減らそうとするときに政府が拠出する金額が一人九〇ドルなのだ。なぜか？　平均的な人間が同じ程度致死率を減らそうとするときに使う金額が九〇ドルであることが実証されているからだ）。この答えが正しいかどうかは別として、どんな政府でも、一人の命を救うために限りなく金を使うわけにはいかない。取引は避けられないのだ。とすれば、その取引を正しいものにしなくてはならない。

政府内において費用対効果分析は、個人の偏見に対する予防措置であるだけでなく、集団の誤りに対する予防措置でもある。もし（最近災害が起きたことから）人が利用可能性によるバイアスにとらわれ、必要以上に恐れたり、また（そうした災害が起きていないことから）何も考えていなかったりしていたら、費用対効果分析が厳格な規律を課し、このような偏見に対抗する助けになる。また、集団がどちらの方向であっても極に動く、あるいは動かない、という傾向に対して、費用対効果は集団を現実と対峙させてチェックを入れてくれる。フレーミング効果に対しても、具体的な数字を示すことでその効果を弱める。費用対効果分析は常に、個人の誤りに対するチェックとして、また、集団レベルでの大規模な、大惨劇ともなりかねない誤りに対するチェックとして機能する。そのおかげで、安全な世の中、効率的な経済が成り立つ。

費用対効果分析の有効性は、ランダム化比較試験の結果がよく表している。これは、研究者が一つの被験者集団にはある条件を課し、その結果を条件を課すことをしなかった被験者集団の結果と比較する方法である。医療分野では、無作為試験は金科玉条であり、有効な治療法を教えてくれる。政策アナリストも最近ではこの試験をよく使うようになった。たとえば、レジ袋の有料化で袋の利用は減るか、携帯電話の使用を減らせば高速道路はもっと安全になるか、カロリーを知ると食生活は変わるのか、どの程度変わるのか、などの課題がある。ビジネス界でもランダム化比較試験は常套手段であり、製品やイノベーションについて多くの情報を得る。集団の決定に関わる問題を克服できるという理由からだけでなく、このような試験は将来もっと活用されることになるだろう。

費用対効果分析自体はここでの主たるテーマではないが、官民双方でこのような分析がますます大事になってきており、選択段階では問題を防ぐ最適の予防措置となることが多いことは指摘しておきたい。ランダム化比較試験から得られるビッグデータは、費用と効果の両方について多くの情報を提供してくれる。消費者がどんな反応を示すか、想定外のことが起こるかどうか、などについての情報だ。個人のレベルでも集団のレベルでも、行動における偏見をチェックするには、事実を体系的に把握することが一番だ。「マネー・ボール」方式は野球では効果的である。しかし、医療分野やビジネス、政府での有用性についてはその潜在的可能性が見えてきたばかりだ。

Chapter

8

群衆は賢いか

これまで取り上げきた話題の多くの場面で、集団の過半数の平均的意見が意外に正確であることは指摘した。理由の一つは、メンバー全員の意見を集め、評判プレッシャーの影響を避けることで、情報の有効活用ができるからだ。集団に多様性があり、メンバーが個々に判断できるなら、集約できる情報も多い。

製品の次年度の売れ行きを予測しようとしている企業があるとしよう。広告やプロモーションにどのくらいかければいいかを知るためには、正確な予測が必要だ。その場合、営業関係の社員の意見を集約し、その平均を信じればいいのか。[1] あるいは、失業削減の効果が期待できる新しい政策を実施するかどうかを考えている役人がいる。ならば、顧問たちの意見を集約して、その平均を出してみるか。

企業の重役はもちろん、多くの人々が「とんでもない！　なぜ平均的な答えで満足しなくていけないのか。最良の答えが欲しい」と言う。だがこの態度は誤っている。振り返ってみれば無限の知識という幻想に基づいていることが多い。問題は、決定が下される前、今後の見通しを立てるときには誰が最良の答えを持っているのかわからない。後から振り返って、「フレッドの言うことを聞いていれば良かった。彼が正しかったのだ」と言うのは（あまりに）たやすい。しかし、答えがわかるまで、フレッドが正しいかどうか、誰にもわからなかったのだ。専門家を探し回るという悪しき習慣については、第9章で再び取り上げる。

コンドルセの陪審定理と大数の法則

集団の平均や多数決による判断が正確だという理由を理解するには、長い伝統をたどってみると参考になる。もっとも参考になるのは、コンドルセの陪審定理だ。[2] 定理の名前の元となったコンドルセ侯爵は、歴史上もっとも偉大な社会理論家の一人である。一八世紀に活躍し、簡単な数学を使って稀有な結論を導き出した。特に関心を持ったのは、集団がいかにして個人の判断を集約するかという問題だ。フランス革命の時期に執筆活動をしたこともあって、専制君主制から民主主義への移行をいかに正当化するかというテーマに没頭した。「人民の声」による支配を合理的に正当化するにはどうするか、である。

陪審定理を説明するのに、集団が、正答と誤答の二つからの二者択一の問題に取り組んでいる例を考えてみよう。個々のメンバーが正解を答える確率は五〇%を超えると仮定する。陪審定理は、集団の過半数が正解を選ぶ可能性は、集団の規模が大きいほど一〇〇%に近づくという。それは、メンバー個人が正解を選ぶ確率が一〇〇%に程遠く、五〇%をほんのわずか超える程度でも変わりない。大事なのは、多数決が用いられ、集団の個々のメンバーも正答率が五〇%を少しでも超えるという二つの条件の下では、個人より集団のほうが正解を選ぶ確率が高く、小集団より大集団のほうがその確率は上がるということだ。

この定理は直感ではなく、簡単な算数に基づいている。例を挙げて説明しよう。ある会社でメンバー三人のチームを一つ作ったとする。個々のメンバーが正解を出す確率が六七%とすると、この集団での多数決で正解が出る確率は七四%になる。集団の規模が大きくなっても、個々のメンバーの正答率が五〇%を超える限り、集団の正答率は高くなる。当然、個々のメンバーの正答率が（たとえば六〇%から七〇%へと）高くなれば、多数決の下では集団の正答率も上昇する。個々のメンバーの正答率が八〇%で、集団が十人以上で構成されていれば、多数決による正答率は一〇〇%だ。

陪審定理の意義は、熟議を伴わず、集団が（メンバーが互いに影響を及ぼしあうことなく、別個に数として集計されるだけの）純粋な統計集団の場合、集団は個人より正答率が高いということを証明したことにある。そして、多数決が適用され、個人の正答率が五〇％を超えるという条件があれば、大集団のほうが小集団より正答率が高くなるということもだ。この点は、企業、宗教団体、政治組織などの決定にも関係してくる。

コンドルセの陪審定理は基本的には、統計学の一般定理である大数の法則を一定の状況に当てはめたものだ。インプットに幾らかでも真実が含まれており（陪審定理の場合、個人の正解確率が五〇％を超えるということ）、さらにそれらが互いに影響しないものであれば、インプットが増えるほど回答の平均あるいは過半数が正解である確率は高い。これは、コンドルセの一世紀後、フランシス・ゴルトンが到達した結論そのものだ（ゴルトンの研究については第1章で触れた）。面白いことに、ゴルトンの研究も「群衆」はどのようなときに賢いのかという哲学的疑問が動機となっている（彼の論文の題名は「人民の声」だ）。ただし、ゴルトンは多少エリート主義的傾向があったので、平均回答の正確さには驚いている。[3] 彼が調査したのは、祭りの場で雄牛の体重を当てるというゲームだったが、回答の平均が実際の体重と〇・九キロの誤差であったのに対し、数学的な理由でゴルトンが重視していた中間値の誤差の範囲は四・五キロとなった。ただ、どちらも、個人の答えの中でもっとも正解に近いものよりは正解との誤差は小さかった。

個々の答えの数が多いほどいい結果が得られるが、多様な視点や根拠というのも適切な答えや解決策を導くのに役に立つ。多様性は是非とも必要なもので、選択される解決策の質を確実に高める。

多様性の大切さは、数字的回答を出す場面でわかりやすい。数字に偏りはなく、正解より大きい数字になるか、小さい数字になるかの可能性は五分五分である。これが数字で出す回答の特徴だ。もし別々に出された数字が正解を「両側から挟む」ものであれば、その平均をとることで、それぞれの数字と正解の差は矯正され、間違いは互いに打ち消しあう。〔4〕

簡単な算数を使って確かめてみよう。〔5〕国連には何カ国加盟しているだろうか。二五〇カ国と一五〇カ国の二つの答えが出たとする（二〇一四年の段階での正解は一九二カ国だ）。この二つは正解を「両側から挟んで」いる。二五〇では五八多すぎるし、一五〇では四二少なすぎる。二つの答の間違いの値は（正解とそれぞれの答との差）五八と四二、間違いの平均値は五〇、つまり（五八＋四二）÷二となる。

次に、二つの答の平均値を見てみよう。二〇〇だ。これと正解との差は八しかない。答えが常に正解を両側から挟むとすれば、平均値（と正解）の誤差は常に個々の答えと正解の誤差の平均値より小さい。つまり、（二つ以上の）個々の答えが正解を両側から挟む場合、答えの平均値のほうが個々の答えより正解に近くなる（個々の答の誤差の平均と同じくらいの値になるはずだ）。

さて、個々の答が正解を両側から挟まない場合、要するに（多すぎるか、少なすぎるか）正解のどちらか一方の側に集中した場合はどうだろう。この状況では、答えの平均値の誤差は、常に個々の答えの誤差の平均値に等しくなり、それ以上に大きくなることはない。国連の例で言えば、答えが二〇〇と二五〇だった場合だ（両方とも正解より多く、正解の一方の側に固まっている）。個々の誤差はそれぞれ八と五八、個々の誤差の平均値は三三である。これは答えの平均値の誤差と同じ値である（二つの答の平均は二二五で、この値と正解の差は二二五－一九二＝三三となる）。

要するに、答えが正解を両側から挟んでいる場合、答えの平均値は常に正解に近く（誤差の範囲が小さい）、答えが多すぎるか少なすぎるかで、正解の一方の側に集中している場合は、誤差は同じ値になる。ここから、平均値は少なくとも、個々の答えの典型、代表的な答えを示すということが導き出される。両側から挟むという状況は当然、答えを考え出す際の基礎知識や視点、考え方が異なる多様な発想が存在するときに起こりやすい。よく知られた例を挙げると、事実や経緯の妥当性を確認したいときには、直感的に三角測量の方法を用いる。別の角度からの分析やまったく別個の証拠から見ても、一つの答えにたどり着くのであれば、その答えが正しい確率は高くなる。[6]

集団のメンバーがそれほど多様でなかった場合はどうなるか。結論的には、集団の平均は個人の答えより正解に近くなるが、平均値をとることの利点は減る。真に多様な答えが得られ、それが正解を両側から挟む状況が充分な場合に発揮される、間違いを打ち消す完璧な能力は失われる。従って、この場合の集団の平均値は偏向しているが、典型的な個人の（やはり偏向している）答えより強く偏向することはない。

多様性の欠如（個々の答えの相互依存）による問題は、メンバーが意見交換をしたり、さらなる情報を教えあったりする状況ではさらに深刻になる。そうなると、極化が起こり、個人は自らの意見を再確認するだけの討議のスパイラルに陥り、集団は個人の答を議論し始める前より、極端な方向に向かう。

数の多さ

私たちが統計集団と呼んでいるものは、コンドルセが示した厳格な条件のいくつかを満たしている。コンドルセの条件を満たす可能性が高いのは、熟議集団ではなく統計集団のほうだ。コンドルセは三つの仮定を示した。[7]

①メンバーは自分の票が決定的な意味を持つかどうかを気にしない
②メンバーは他のメンバーの行動に影響を受けない
③一人のメンバーの正答率は、他のメンバーの正答率とは統計的に無関係である

最初の二つの仮定はそのまま統計集団に当てはまる。瓶の中の豆の数や家畜の体重、新製品の購買数などを当てる集団である。他人がどう言っているかは知らず、集団の他のメンバーに合わせなくてはならないという評判プレッシャーの影響は受けない。第三の仮定は満たせることもあるが、満たせないこともある。同じような訓練を受けていたり、一緒に働いていたりする人々はものの見方も似てきて、第三の仮定は破られてしまうかもしれない。しかし、コンドルセの陪審定理は第三の仮定が破られても通用することは証明されている。ここでも細かいところはあまり気にしないでおこう。〔8〕

統計集団がかなり良い成績を出す理由は、メンバー全員の正答率が五〇%に達しなくても、定理の楽観的な予測通りになるからだ。たとえば、メンバーの六〇%の正答率が五一%で、四〇%が五〇%の場合、あるいは、四五%の正答率が四〇%で、五五%が六五%の場合、あるいは、五一%の正答率が五一%で、四九%が五〇%の場合、と考えていってみよう。こうした状況でも、多数決によって正解が出る確率は、集団の規模が大きいほど一〇〇%に向かって高く

なる。集団のメンバー全員の正答率が高いときと同じくらいの速さで正解に向かうわけではないが、その方向に向かうことに間違いはない。

数字のバリエーションは限りない。集団に間違える確率が高いメンバーが大勢いるとしても、その他のメンバーの正答率が高く、集団の規模が大きければ、多数決で正解を出せる。別の例を考えてみよう。この例のほうが実際には役に立つ。メンバーの四〇％の正答率は五〇％を超えるが、六〇％の正答率は五〇％しかない。だが、その六〇％の答えの誤差には何の規則性もないという場合だ。間違った人はバラバラに間違った答えを出したわけだから、集団が大きければ、最後にはやはり正解が出る。

理由は、すでに述べた大数の法則に沿っている。集団の核となる人々が正解に関して何らかの見通しを持っていて、それ以外のメンバーの間違いが本当に個々にバラバラの間違いであれば、過半数は核となる人々が設定した方向に動く。たとえば、映画『ハンガー・ゲーム』でカットニスの役を演じた俳優の名前を、一〇〇〇人に聞いてみたとする。四〇％の人間がジェニファー・ローレンス（もちろん正解）と答え、それ以外の六〇％の人間がそれぞれ勝手に思いついた名前を答えた場合、結局はジェニファー・ローレンスの名前が得票数一位に躍り出てくる。

多くの可能性

陪審定理を実証する一番簡単な実験は、イエスかノーかを答えさせる形式のものだが、統計集団の研究が対象とする状況は、そのように単純な二者択一ではない。扱うのは、瓶に入っている豆の数、対象の物の重さ、国家が所有する爆弾の数、書籍の販売部数、あるいは次年度の投資利回りなど、まったく異なる類いの問題だ。このように選択肢がたくさんある場合でも、陪審定理は通用するだろうか。

このような質問に答える場合、人は二者択一の選択を繰り返しているのだということに気づいてほしい。豆の数は一〇個か一〇〇個か、二〇個か五〇〇個か、五〇個か一〇〇個か、と繰り返す。充分な規模の集団で、メンバーの答の大半が当てずっぽうでなければ、答えの平均値はかなり正解に近いはずだ。

だが残念なことに、二者択一での正解率は、繰り返されると下がっていく。二つの質問のそれぞれの正解率が五一％の場合、二つの両方に正解する確率は二五％をわずかに超える程度でしかなくなる。豆の数を例に考えると、八〇〇個か七八〇個かの二者択一で正解する確率が五一％で、七八〇個か七六〇個かの選択での確率が五一％とする。そうすると、どちらかあるいは両方の選択で誤る確率はほぼ七五％、これは質問が増えるにつれ、悪化していく。

もし、五つの質問のそれぞれに正解する確率が五一％であれば、五問すべてに正解する確率は非常に小さく、三％をわずかに上回るくらいだ。それでも、大規模な集団では答の平均値は正解に近い。ポイントは、ここでも大数の法則に絡んでくる。相当数の人間が正解を選択する確率が高く、間違いがランダムなものであれば、答えの平均値はかなり信頼できる値である。

もう少し専門的な分析では、統計集団方式を利用したい人たちにとって心強い結果も出ている。選択肢が二つ以上ある場合でも、正解は相対多数の支持を集めるという結果だ。〔9〕メンバーが三つ以上の選択肢に直面した場合、個々のメンバーが最適の答に投票する確率が高ければ、集団の規模が大きくなるにつれ、最適な答えが相対多数の支持を集める傾向は強まる。メンバーの数が無限に増加していくとすると、相対多数が正解を選ぶ確率は一〇〇％に近づいていく。

数学的な細かいことは気にしなくていい。大事なのは、多くの人に質問して、その答えの平均値や過半数以上を占めた答えを信頼すればいいと雇用者が考えるのには、それなりの理由があるということだ。

陪審定理の闇

残念ながら、陪審定理には闇の側面がある。それもまた、重要な意味を持つ。すでに見た「ゴミがゴミを生む」問題の応用だ。メンバーの大半が、何かしらの偏見を持っているというような理由から、間違った答えを選ぶ確率のほうが高いとしよう。そうなると、集団の過半数以上が正解を出す確率は、集団が大きくなるにつれ、ゼロに近づいていく！

これは警鐘である。どんな場合でも統計的平均は正しいというのが望ましいかもしれないが、それは幻想でしかない。集団はそれにはまってはいけない。一定の条件、特に人々の多くあるいは大半の正答率が高いという条件の下でしか、正確性は達成できない。集団のメンバーが間違った方向に傾いている場合は、統計的平均を信頼するのは誤りである。

具体例で確かめてみよう。集団のメンバーそれぞれの誤答率が最低でも五一％の集団がある。集団は中小企業でも、政党でも、宗教団体でも、法律事務所でもいい。集団が誤る確率は、集団が大きくなればなるほど一〇〇％に近づく。コンドルセ自身、その可能性と原因に触れている。「参加者の意見が正しい確率が五割以下に落ち込むというのは、ランダムの選択より確率が低いわけだから、何か理由があるに違いない。理由はその参加者の偏見にある」[10]。

集団のメンバーが何かしらの偏見を持っていると、答えの平均値はかなり逸れたものになる。また、偏見だけでなく、混乱、無知、情報の理解不足、あるいは単純に能力のなさも、誤りを生む元だ。特殊な知識を必要とするむずかしい問題では、集団のメンバーの答の平均が正しいとは言えない。ビジネスや政治に関わる複雑な問題も同じだ。人々に充分な能力があっても、高度に専門的な問題を扱う場合は訳がわからなくなってしまうかもしれない。

人が、行動科学者が発見した様々な偏見から逃れられないことは、これまでも指摘した。楽観論は、組織が非現実的なほどの楽観主義に傾く原因だ。[11] 官民ともに、楽観論は広範囲に及ぶ問題である。メンバーが非現実的なほどに楽観的だと、統計集団はその偏りを反映して、誤った決断を下す。企業の上役たちが、この製品は売れるに決まっていると思い込んでいて、加えて、彼らが極端に楽観的な人間であると、その集団は平均的なメンバーの意見を聞いてもうまくは行かない。選挙運動に参加する人々が、自分たちの候補が最高で、有権者も必ずそう思うはずだと考えてしまうと、その偏見が集団の平均的意見にも反映される（二〇一二年の大統領選挙戦ではミット・ロムニーの支持者の多くが、すべての実証データが逆を示していたにもかかわらず、ロムニーが勝つと信じた）。

もちろん欺瞞は常にある。集団のメンバーは実際、色々な場面で間違いを犯す。ジョセフ・ヘンリックは共同研究者とともに、そうした誤った信念の例を挙げた。「ドイツ人の多くはさくらんぼを食べた後に水を飲むと死ぬ。ソフトドリンクに氷を入れるのは健康に良くないと信じている。イギリス人は逆に、さくらんぼを食べた後に冷たい飲み物を楽しむ。アメリカ人は氷の入った飲み物が大好きだ」[12]。となると、少なくともどれかの国の人間が間違っているしかない。ある国々の国民の大半が、実際にそうなのだが、九・一一のニューヨークへのテロ攻撃はアメリカ自身の責任だと信じていると、大集団は大きな間違いを犯す。陪審定理の明快な結論は、関与している人々がある程度正しいということを前提としてしか成立しない。この前提は相当大胆な前提である。

偏見と失敗

陪審定理の闇を考えると、どのような方向のものであれ組織的偏見は統計集団の答えにとって問題である。アラブのテロリストにアメリカ現代史について質問する、女性嫌いの男性に女性の能力を評価させる、といった状況を考えてみよう。その集団の人数が多くても、大きな間違いが起こることは避けられない。あるいは、集団のメンバーがある種の偏見のおかげで、ある製品（新型タブレットとか自動車とか）が好きになっていたり、公職の候補者を支持していたりする場合も、メンバーの大半は操られたり、騙されたりしているのかもしれない。陪審定理の闇は、平均値を信頼すると大きな間違いが起きるということだ。コンドルセもこの点は承知していて、「投票者に知識があることが求められる。特に、決定すべき問題が複雑であればあるほど、より高い知識を持っていることが肝心だ」と述べている。[13]

統計的平均に頼っていると、議員や大臣はまさにそれが原因で大きな間違いを犯してしまうかもしれない。民主主義一般について論じたコンドルセも、この点を「非常に重要な視点として」指摘する。「多数の人間で構成される議会には有識者だけが集まっているわけではない。多くの事案について無知で偏見を持つ人間が集まっている可能性のほうが高いかもしれない。従って、多くの議題において、各投票者の正答率が五〇％以下であることが考えられる。つまり、議会では人数が多ければ多いほど、間違った決定を下すリスクにさらされることが多くなる」。[14]

コンドルセは、偏見や無知が広範囲に浸透するリスクを考えて、「民主制を知識のない人々に任せるのは危険だ」とした。そして、比較的知識レベルの高い社会でも、市民は自ら決定を下すことはせず、代表を選出するという役割に限定されるべきだとした。「(代表の)意見は正解確率が充分に高いだろう」と言うのだ。[15] コンドルセは大規模集団について述べているが、彼が発見したことは、小集団でも、その平均的意見が誤っているかもしれないときには、共通である。

平均値の利点と欠点――集団は平均値を活用すべきか

むずかしい問題でも最良のアプローチは常に多数の人間の意見を聞き、その平均をとることだと考えるのは、集団にとっては大きな間違いである。その方法は、人々の多くあるいは大半が正解を選ぶという特定の条件でしか成功しない。たとえば、会社社長が有能な側近たちに適切な方針二つについての意見を求めるときとか、大学の学部長が学部教員に誰を新任教員として雇うべきかについて相談するときとか、あるいは、官庁の大臣や長官が科学者たちに特定の環境汚染は深刻な問題かについて諮問するときが、そんな状況と言えるかもしれない。その場合、相談する相手は充分信頼に足る人たちで、そうであれば、その答えの平均値も正しい確率が高い。

大数の法則には別の意味もある。事実についての知識が不足している、正確な個々の判断をあらかじめ選択することができない、さらに個々人の判断に偏見が反映されていることが疑われる場合、そんなときでも平均値をとってみるべきだ。有益な情報がないときには（個人の偏見の内容についての知識など）、平均値が頼りになる。平均値にも偏見が反映されているかもしれないが、典型的な個人の答えよりは正解に近い。ここでも、多様性が味方になる。

集団の行動との関係で言うと、結論は出ていない。事実について正解を出すことが目的である場合に限ってでも、コンドルセの陪審定理は正解を保証してはくれない。数多くの領域で数多くの人々が頻繁に組織的な失敗を犯すが、賢い集団はその点を充分心得ている。それでは次に、専門知識の役割と、集団がそれを活用するには何をすべきかについて検討してみよう。陪審定理にも密接に関連する問題である。

Chapter

9

専門家の正しい使い方

管理職は専門家に頼る傾向がある。それがどうなのかを評価する前に、専門知識について一言言っておく必要があるだろう。専門知識という言葉は様々な解釈が可能だが、ここでは、「勝ち馬を当てる能力」としたい。この能力は、いいデザインを考え出す力があるかに表れてくる。たとえば、将来の嵐や土砂崩れのような事態に耐えうる橋や建造物を建てられるとか、真にリスクのない投資戦略を組み立てられるかといった力だ。ここでの私たちの関心事に近いところで言えば、何が起こるかわからない将来の出来事について正しい予測を立てられる能力である。

残念ながら、いわゆる専門家と言われる人々の中で正しい予測が立てられる人間はほとんどいない。専門家をよくよく確かめてみると、その大半に一般の期待（また本人たち自身が言う）ほどの実力はないことがわかった。多くの分野で、専門家と呼ばれるのに必要なのは、正しい予測を立てることではなく、耳に心地よく、説得力のある話ができるかのほうが大事なのである。そうした話は事が起きる前ではなく後に語られることが多く、前もって語られたとしても、事実に即した正しい話というよりは、一見ありそうな話程度の説得力しかない。

選挙結果を当てたことで「点を稼ぐ」ような、お偉方の政治評論家たちも、実際には当てずっぽうだったり、それよりひどい場合もある。[1] 人気の株屋も同じようなもので、その多くは占星術師と大して変わりない。社会科学者フィリップ・テトロックの画期的著書では、プロの専門家というのはどのような分野でも、将来の予測についてはひどい成績だと述べられている。[2] 実際この本には、専門家の人気度や注目度は正確さと反比例するというデータが示されている。悲しいことに、お偉方というのは正確であるより自信たっぷりであればいいらしい。

確かに、明らかに専門知識が積み重ねられている分野もある。気象予報士や（太陽の黒点など天体現象を予測する）天文学者、チェスや橋梁工事の専門家、医学や財政監査などの分野の専門家などだ。[3] 専門家が正しい予測を立てられるかどうかを判断する鍵は二つある。専門分野をとりまく条件と予測を立てる際の環境である。

専門知識の一番目は、予測を立てる分野について科学的な理解が確立されている類いのものだ。物理学、気象学、エンジニアリング、さらに医学や財政学のある分野では、すでに実証された理論的枠組があり、予測法、診断法も確立されている。スポーツでも同様で、特に野球では統計的方法を身につけた専門家は、選手の成績についてかなり正確に予想することができる（『マネー・ボール』で取り上げられ、有名になったように）。理論と方法に精通し、さらに分析用ソフトウェアの助けを借りれば、専門家は膨大な科学的基盤を正確な予測へと変換できる。これは心強い話だ。

統計学者のネイト・シルバーは選挙結果を正確に予測するという類い稀なる能力で知られているが、その能力こそ、このような専門知識の典型である。[4] シルバーは、自らの直感とか経験、誰に勝ってほしいかといった偏見には頼らず、何百年もの間に積み重ねられた統計理論や実践を元に、世論調査の結果を分析して予測を立てる。彼の成功のおかげで、政治の専門家として名を成しながら正しい予測を立てられない他の専門家に対して、わずかながら（当然の）非難の声が上がったこともある。[5]

専門知識の二番目は、理論ではなく経験に基づくもので、訓練を通じて身につけるものだ。訓練中は実践の場で何度も判断の場面を経験し、その度にすぐに正確なフィードバックを得て学ぶ。このような専門知識は「見極めるべきものを知る」ことであり、評価の際の助言に表れる。[6]

たとえば、家畜を品評する人たちは、雄牛や雌豚の市場価格や、種牛や種豚としての価値を驚くほど正確に言い当てる。彼らは、見習いとして評定を下し、その評定の根拠を説明し、そして、ベテランから直ちにフィードバックをもらうという経験を何千回と繰り返すことで、その技術を身につけた。気象予報士も同じような訓練を経ていて、彼らの場合は専門のソフトウエアや長い間研究されてきた気象理論の助けも借りる。慎重に行動分析を行った結果、こうした専門知識は、対象の何に注目すべきか、そして、そうして得た情報をいかにして最終判断に統合していくかを知っている、という類いの専門知識であることがわかった。

専門知識の三番目も、数多くの事例を経験し、素早い、正確なフィードバックを得て身につけていくものだ。こうした知識がチェス・プレイヤーの稀有な技能の基盤になっていることを最初に発見したのは、ノーベル賞受賞の行動経済学者、ハーバート・サイモンと同僚のビル・チェイスの二人である。[7] 二人は、(世界レベルのプレイヤーと初心者を分ける) チェスの知識とは何か、特に、名人の技能が、駒を動かすのが分単位ではなく秒単位のスピードチェスでも衰えないのはなぜかという疑問に興味をそそられた。

過去のゲームを何千時間分も研究した結果、彼らが得た結論は次のようだ。プレイヤーは、チェス盤の上の駒の配置パターンを何万種類と頭の中にスナップショットのように記憶していて、それぞれのスナップショットについて最適の一手という「答え」も記録してある。そのような精巧な記憶を組み立てているのだという。その後の研究によって、このような専門能力はスポーツから民間療法まで他の分野でも広く発見された。[8] アメリカン・フットボールでクォーターバックの名手は作戦を実行する肉体的能力に恵まれているだけでなく、ディフェンス側の配置の画像ライブラリーのようなものを頭に入れてあって、相手のパターンをすぐさま見抜ける。それに従って、ディフェンスの動きを読み、パスの受け手を選ぶ。チャンピオンクラスのテニス選手も同じような記憶ライブラリーを持つ。頭にあるスナップショットに照らし合わせるという手順は、皮膚科や放射線科のベテラン医師の診断技術も支えている。[9]

①理論を元にした論証、②必要なことを見極める知識、③事例に基づいた記憶との照らし合わせ、この三つの思考法が、行動科学者が発見した専門知識の類型である。判断の元になる専門知識としては、これら以外に可能性のあるものは見つかっていない。

注意すべきことが二点ある。一つは、ある程度の正確性を持って将来を予測する能力というのは滅多にあるものではない。もう一つは、かなり特殊な形にはなるが、専門知識というものは存在する。従って、集団に知的思考力を求めるのなら、正真正銘の専門家を集めることから始めなくてはならない。

そんな専門家を集めれば、一般の人々を集め、その平均的答えに頼るよりよほど良い結果が得られる。本当の専門家なら、素人の統計的平均値よりまず間違いなくいい結果を出す。だがここでも、賢い集団が頭に入れておくべき大事な教訓がいくつかある。

専門知識の集約

全体の成果は関連する判断を下す個人の能力にかかっていることを理解してもらえただろうか。雄牛の体重を正確に当てるとか、ジェリービーンズの数を当てることができる専門家が本当にいたとしよう。そして、専門知識とは正確に予測できる能力だとすれば、こうした専門家は（確かに奇妙奇天烈な専門ではあるが）統計的平均値よりはいい成績を出せるはずだ。実社会ではしばしば、少数の人間がそれぞれ多くの情報を持つ場合と大勢の人間がそれぞれ少ない情報を持つ場合のどちらかを選択しなくてはならない状況に直面する。すべては専門知識のレベルにかかるとなると、大きい集団が不利になることもある。

はっきりしているのは、相手にしているのが専門家であれ素人であれ、一人や数人の人間に答えを求めるよりは、全体の統計の平均をとるほうがいいということだ。専門家のほうが正しい確率が高いとすれば、一般人の統計集団の場合と同じで、専門家の統計集団のほうが個々の専門家より有利になる。多くの専門家が頭をひねったほうが、少数がひねるより良い結果が出る。

それを裏付ける証拠は多い。[10] 家畜や鶏の価格、実質国民総生産と名目国民総生産、患者の生存率、住宅着工戸数など様々な数字を予測する上で、専門家の集合（統計集団）は個々の専門家より一二・五％間違いが少なかった。[11] 企業の年間純益やアメリカ経済の変化、年間最大降雨流出量などでも、専門家の集合が個々の専門家の成績を上回った。[12] 集団にとって、これが意味するところは明らかだ。予測の専門家、スコット・アームストロングの言葉を借りよう。「組織は重要な予測を立てるときに、最高の専門家一人の意見を聞こうとする。これは避けるべきで、複数の専門家の意見を合わせるようにするほうがいい」。[13] 企業や国の指導者たちは、この言葉を胸に刻んでほしい。

政治関連の世論調査では、人間の行動予測の際と同じく、一つか二つの調査結果を選ぶのではなく、いくつかの結果を総合して平均値や中間値を重視するのが当たり前になっている。そうするようになって、結果は格段に向上した。選挙結果予測についてもそうすればいい。同じ質問をした調査結果を充分な数入手できなければ、共通の問題を取り上げている別の調査も利用して、複数の指標を組み合わせればいい。複合された答えにはなるだろうが、個々の質問だけに頼るよりは信頼できる結果が出てくるはずだ。

唯一無二を求めない

これらのポイントは、官民両方に共通して重要なものだ。指導的立場に立つ人間も含めて人は、専門家たちの平均を求めようとはしない。徒労に終わることが多いのだが、平均を出し抜こうと唯一無二の正しい専門家を見つけ出そうとするのが常だ。この不幸な傾向は、よくある後知恵バイアスの副産物かもしれない。事が終わってみれば、誰が真実に一番近かったかはすぐにわかる。そのために、その前には誰が一番真実に近かったかを知る術はなかったことを忘れてしまう。

唯一無二の専門家を求めることが得策ではないことは、アルバート・マンズらが行った研究にも示されている[14]。彼らの研究では、デューク大学で経営学修士号を取得した人々に、ウォール・ストリート紙が主催する経済動向予想ゲームに参加してもらった。経済の専門家たちが、金利や失業率など経済の動向を予想して、公に競争するゲームである。参加者には二四期の動向を予想してもらうのだが、その際（過去の予測実績から見て）もっとも優秀な専門家一人の意見を聞いてもいいし、専門家全員の予想の平均を使ってもいいとした。

結果は驚くべきものだった。なんと経営学修士号を持つ参加者の八〇%が、優秀な専門家一人を選んだのだ。優秀な一人を求めた結果がどうだったかと言えば、大したものではなかった。あらゆる実験で、優秀な専門家一人を求めたほうが専門家全員の平均より成績は悪くなった。

専門家全員に意見を求めるにしても、単にその平均をとるのではなく、意見を統合するもっといい方法はないだろうか。ここで、行動経済学研究の最先端にたどり着く。国家情報長官局に資金援助された大規模な研究プロジェクトだ。[15] ここで複数の研究チームが取り組んでいるのが、政治、外交、経済の動向を予測する際の情報分析をいかに向上させるかという問題である。研究では、個々の専門家が過去に似たような事態で行った予測がどうだったかの実績を加味して考えると、結果に多少の改善が見られるという結論が出てきつつある。デューク大学の経営学修士らがもっとも優秀な専門家を選んだのも間違っていたわけではない。ただ、一人の専門家の意見に踊らされて、他の専門家たちの情報を無視することになったことが問題なのだ。

経済動向予想ゲームでもう一つわかった調査結果がある。専門家が自らの実績について下す自己評価は当てにならないということだ。自らの予想についての専門家の自己評価を加味しても、予想の正確性については改善されなかった。専門家は自らの判断について客観的な視点で評価できないのだ。過去の予想が正確だったか、いわば「打率」のような客観的指標を用いて初めて役に立つ情報になる。

ここでの教訓は明らかだ。専門家の虚勢や自己評価に騙されてはいけない。証拠こそが、派手なプレゼンに勝る指針である。

Chapter 10 トーナメント方式の活用法

これまでも、新しいアイデアや創造力を刺激するのに、公式、非公式のトーナメントやコンテストといった方法は用いられてきた。だがトーナメントに関しては、私たちは新時代に突入している。その有名な例に「ネットフリックス賞」があるが、これを参考にして、より一般的な教訓を導き出してみよう。

「ネットフリックス賞」

ネット上でオンデマンドで娯楽番組を提供する動画配信サービス大手、ネットフリックスは、革新的で、トレンドを作り出す会社だ。独自の研究開発を幅広く行っている。同社のウェブサイトの特徴は「シネマッチ」というサービスで、おすすめ映画を紹介してくれる。これがユーザーを惹きつけている。たとえば、テレビ番組の『ハウス・オブ・カード』が好きなら、『マッドメン』のような番組も好きだろう。『スタートレック』が気に入っているなら、『トワイライト・ゾーン』も面白がるかもしれない。『スーパードッグ　エア・バディ／ビーチバレーで危機一髪！』のファンなら、『スーパーバディーズ』（ディズニー製作ＤＶＤ）も気に入るだろう（まあ、好みは人それぞれ）。

「シネマッチ」のアイデアはもともと、同じように革新的なことで知られるベル研究所が生みだした。ベル研究所といえば、半導体増幅器などの発明で有名だ。ベルの科学者らがネット電話帳サービスの向上に取り組んでいたとき、あるアイデアを思いついた。電話帳利用者に対して、過去に似たような利用者に紹介して、喜ばれた内容を参考にした紹介サービスを行うというものだ。ベルの利用者データベースを使えば、新規利用者を、過去に似たような問い合わせをしてきたり、この自動紹介サービスに高い満足度を感じたりした人々とマッチングすることができる。

たとえば、中年の白人女性で、宗教はプロテスタント、職業は会計士という利用者がいたとしよう。彼女を、似たような特徴を持った過去の利用者とマッチングさせ、その上で問い合わせに対応する。対応は、過去の利用者が満足した内容を反映するように手を加えてある。ネットフリックスは、このような事例ベースのアルゴリズムを使って、シネマッチのおすすめ映画サービスを始めた。結果、いくつか面白い例外もあるが、総じて利用者はその内容に満足し、おすすめが意外に役に立つことに驚くことも結構あるという。

二〇〇六年、ネットフリックスはおすすめ内容を大々的にアップグレードすることにした。ただ、それを社内のエンジニアにやらせるのではなく、シネマッチの実績を一〇％上回る（おすすめの内容が合わない、あるいは誤った場合の割合を一〇％削減する）アルゴリズムを開発した人間に一〇〇万ドルの賞金を出すと宣伝したのだ。コンテストのルールは詳細に定められた。たとえば応募条件はその検証方法も厳しく決められ、さらには、「練習データ」も応募者全員に提供され、それを使って自分たちのアルゴリズムを正式応募前に検証、微調整できるようにもした。シネマッチの実績を上回るアルゴリズムを作成した応募者が出てくるまでには四日しかかからなかった。しかし、一〇％の削減というのはかなりのものであるため、コンテストは三年間続けられ、その後最終的な勝者が発表された（勝ったのがベル研究所のチームであったのは偶然ではないだろう）。

私たちにとって一番面白かったのは、一〇〇万ドルというインセンティヴが生みだした、膨大な努力の量だ。一五〇カ国以上から二万以上のチームが、このコンテストに参加した。最終段階では、一流のエンジニアが集まった一〇チームが本職よりも熱心になって、この競争に取り組んだ。同じ一〇〇万ドルを社内での研究開発に投じても、これほどの努力には及ばなかったに違いない。

熟議の欠点を克服する

イノベーション・トーナメント（経済学者ならそう呼びそうである）が熟議集団が直面する問題の解決につながることにも注目してほしい。第一に、参加チームが世界中に散らばり、インターネットでつながっているだけということは、チームの独立性が保たれる。第二に、チームは（結果を共有するだけで）方法は共有しない。最後に、トーナメントでは賞金は独り占め（勝者は一チームのみ）ということで、参加者は一攫千金を狙って、奇抜な方法も試すかもしれず、その分多様な取り組みが生まれる。

独立性や多様な思考を確保する条件やインセンティヴは、誤りや手詰まり状態が個々のチームを超えて全体に広がったり、増幅されることを防ぐ。他チームがどの方向に向かっているのかわからなければ、カスケード効果は起こらない。そもそも、皆が独自の方向を目指すように仕向けられている。また、個々のチームは極端な方向に向かうかもしれないが、参加者全体が一つの方向に偏ることはない。

ネットフリックスが達成すべき内容と目的（勝つための基準）を厳密に定めたことで、参加チームの大半は問題に焦点を定め、その状況を続けることができた。コンテストのルールが曖昧では（よくある社内のアイデア・コンテストにありがちだ）、ネットフリックスのように、問題に集中し、熱心な人々が広く参加するようなコンテストは望めない。

「イノセンティヴ」を超えるには

イノベーション・トーナメントはすでに何世紀にもわたって行われてきたことであるが、インターネットの発展でその規模や頻度は劇的に拡大した。歴史的に有名なトーナメントとしては、一七一四年にイギリス政府が行った「経度計測コンテスト」がある。船の位置の経度を（誤差三〇海里以内で）正確に計測する方法を発明するコンテストで、賞金総額は二万ポンドだった。大金が支払われることはなかったが、経度計測の方法の向上につながったとして少額の賞金が数多く支払われた。今では数多くの企業が、自社サイトを通じてイノベーション・トーナメントを開催したり、自分たちの研究開発戦略を明らかにしたくない場合は社内コンテストを開催している。

いくつか例を見てみよう。二〇一三年にはゼネラル・エレクトリック（GE）が「GEエンジン・ブラケット・チャレンジ」と題したコンテストを行った。賞金は二万ドル、航空機のジェットエンジンを取り付ける際に使用されるマウントブラケットの軽量化デザインを開発する内容で、七〇〇以上の応募があった。[1] 最終的には八つのデザインが選ばれ、賞金を分けあった。GEはこれらのデザインを補完、統合して、新しいデザインを作り、従来のものより八〇%軽いブラケットを作り出した。

同じ年、国防総省（ペンタゴン）が約二〇〇キロの距離を走るロボットカー競争で優勝したスタンフォード大学チームに二〇〇万ドルの賞金を授与した。同じく二〇一三年、「生命科学の飛躍的な前進」を認定する賞として、医療関連の革新的開発に三〇〇万ドルの賞金が提供されたこともある。新規企業（バトルフィン社）は、数千ドル程度の賞金付きのコンテストを行って、商業金融分析に使える数学的才能を発見しようとしている。

この分野のサービスでよく知られているのがイノセンティヴ社だ。電子掲示板を使って、解決策を求める「探索側」と解決策を提供する「回答者」をつなげる技術志向の会社で、登録している回答者の半分以上がアジアや東欧の人々だ。イノセンティヴ社が演じるのは基本的に審判の役割で、課題がきっちりと定義されている問題だけを掲示板に載せている。さらに解決策を検証し、賞金の支払いを監視する。賞金は通常一万ドルから一〇万ドルの範囲だ。また、解決策が見つかった後、その解決策の知的所有権を回答者に与える法的手続きにも携わる。

よく考えられたイノベーション・トーナメントがレベルの高い競争を作り出す特殊な影響力の例はすでに見た。ネットフリックス賞の場合は確かに、新しい試みという効果もあったし、一〇〇万ドルの賞金より勝者に伴う名声という魅力のほうが大きかっただろう。コンピュータ科学者の大半が、（ベル研究所の）「プラグマティック・ケイオス」チームが賞を獲得したことを覚えていて、チームメンバーはこの世界ではセレブだ。

そんなボーナスがなくても、イノセンティヴを始めとする企業が行うトーナメントは、世界トップクラスのエンジニアや科学者がその才能と努力を充分につぎ込む状況を作り出す。ここで企業への教訓。大企業であれ中小企業であれ、それなりのトーナメントを試してみる価値はある。賞金は大した額ではなくても、勝利には名誉が伴うことを考えると大きな成果が得られるかもしれない。

トーナメントの利点

経済学では、トーナメントは、人々の能力を最大限引き出して、高水準の業績を生みだすのに最適な市場メカニズムであるとされるが、これは偶然ではない。スポーツの分野でトーナメントが盛んなのも同じ理由だし、ソフトウェア開発エンジニアや営業職の人間に高額のボーナスを出そうというときもトーナメント方式が使われる。さらに、プロゴルフやテニスのように賞金額が順位とともに急激に下がると（勝者総取りが好例だ）、エリート中のエリートも最高のパフォーマンスをしようという気になる。

イノセンティヴ社のやり方には他にも利点がある。たとえば、参加者が匿名であること（競争相手のスキル・レベルについて知りようがない）、参加者個人が自分の評価を確立したり、「回答者」たちと長期的な付き合いができるようになったりする可能性（たとえば就職話など）、インターネットを通じて中国やインド、東欧などより稼ぎのいい経済圏に参入できるかもしれないことなどである。

しかし、トーナメント方式が情報共有にどう影響するかについてはまだよくわかっていない。予測市場の場合と同様、他者と情報共有する気にさせるものはない。事実、競争している企業や組織は情報共有を避けようとする。秘密情報は明らかに強みだ。そして、トーナメントやパリミューチュエル方式〔訳注・勝ち馬に賭けた人々に手数料等を差し引いた全掛け金を分配する賭けの方式〕の賭け事のような競争投資システムで勝ち残るためには、いい情報は秘密にしておくほうがいい。ネットフリックス賞を勝ち取りたければ、競争相手に自分のアイデアを話したりはしない（そんなことをすれば、自分が勝つチャンスが減る）。賭け事をするときは、他の人たちに自分が知っているいい情報を教えたりはしない（全掛け金を勝者で分けあうシステムでは、そうすると自分の取り分が少なくなってしまう）。

競争的環境では情報共有をしたくなくなるとはいえ、ネットフリックス社のトーナメントでは終盤に行動科学的に奇妙なことが起こった。後半まで勝ち残ってきたチームのいくつかが、ゴールラインを前にした最後のスパートで協力し始めたのだ。これは、私たちには驚きだった（他の行動科学者とも話したが、彼らにも驚きだった）。なぜそうしたのか、私たちにも完全には説明できない。一つのチームだけで続けていても勝てそうにないが、他チームと協力すれば最終勝利を達成できるかもしれないとでも思ったのかもしれない。こうした情報共有が起こらないとしても、トーナメントはいいアイデアだ。優秀な参加者を最高のパフォーマンスをしようという気にさせる方法である。

効果的なトーナメントをデザインする――数か、金か

ここまで、問題解決や意思決定のために役に立つトーナメントにする具体策を述べてきた。

①勝ちを決めるルールを明確に設定すること

②勝ちの判定には信頼できる審判があたること
③トーナメントを広く宣伝し、現実的な解決策を作り出すのに充分な専門知識と技術を持っていそうな参加者を募ること

一言で言えば、課題を明確に定義すれば、人々は自主的に判断し、勝つ可能性のある回答者だけが競争に参加してくる。

それでも、疑問が二つ残る。トーナメントの参加者は何人くらいがいいのか。そして、賞金はどのような形式にするか。言い換えれば、賞金が一つで勝者総取りという方式が、良い解決策を導き出すのに最適なやり方なのかということだ。

1　参加人数

参加者をどのくらい募るかを考えるときに気をつけたいのが、参加者が増えればそれだけ、最終勝者が一人だけではなくなる可能性があることだ。そうなると、一人一人の参加者が努力しようとする気力が削がれることにもなりかねない。求める解決策が明確に定義されている課題であれば、勝つチャンスがある人々だけが参加することになり、そうした参加者間での活発な競争が確保される。

問題は、誰が勝つかがはっきり見えない状況では（企業や政府がトーナメントにかける課題の多くが実はそうした問題なのだが）、参加者が多いほど、一人一人の参加者の意欲は低下する。これは経済学理論からも説明できるが、常識的な話だ。参加者は自らの行動のコスパを考える。勝つチャンスが少なければ、競争につぎ込む努力への見返りも少ない。

一方、心理的な要因にも目を向ける必要がある。人間が非現実的なほどに楽観的になることはすでに見たが、参加者も同じだとすれば、挑戦しても無駄な場合でもやってみようかという気になるかもしれない。私たちの知る限り、この点を実証しようとした研究はこれまでに一つしかなく、そこでも、参加人数が多いと、参加者の努力の度合いが低くなる傾向が見られた。

二〇一一年、ケヴィン・ブードローらは、参加者の人数と努力の度合いの関連を確かめるために、数百件の「トップコーダー」コンテストの結果を分析した。[2]「トップコーダー」とは、コンピュータ・ソフトウェアのプログラムを書く際の問題の解決策を求めて、繰り返し競争するコンテストである。参加者は（たとえばアルゴリズムの問題など）問題別の競争にエントリーする。そして、決められた開始時間に問題を受けとり、制限時間七五分以内にその問題を解く。問題はたとえば、「二つのソーシャル・ネットワーク内で民族別にそれぞれもっとも人気のある人物を、もっとも短い解析時間で見つけ出す」というようなものだ。

その分野での名声を求めて、あるいは、コンテストで高得点を出して、賞金だけでなく将来の仕事につなげようと、世界中から何十万という参加者が集まった。行動科学的な分析を可能にした「トップコーダー」の最大の特徴は、コンテストが、一部屋二〇人までのバーチャル・ルームに隔離されていて、一等賞を始め様々な賞が部屋ごとに与えられたという点だ（もちろん、個々の参加者の得点については信頼できる判定が行われた）。

ブードローらは検証によって、参加者が多いと努力の度合いが低下することを確認した。これは参加者のレベルに関係なく確かめられた。本当に勝つチャンスがある、トップ五分の一の参加者たちですら、競争相手が多いとコーディングの速度が遅くなった。

しかし他の研究者たちは、状況はもっと複雑なもので、参加人数を増やすと、努力が減る以外の影響もあるとする。ブードローらの研究より数年早く、クリスチャン・ターウィエスクとイー・シューは、参加者が多ければ個々の参加者の努力は減るが、他方、複雑な問題の場合、参加者が多いほうが（個々の参加者の努力は少なくても）これまでにない新しい解決策が見つかるチャンスは大きくなると論じた。[3] ターウィエスクらはこの二つ目の要素を「パラレルパス」効果と呼んだ。参加者が増えると、それぞれが解決を目指して並行しながら、異なる道を追求するから、探求される道の数が増える。これはいいニュースだ。

ブードローらも、パラレルパス効果を示す証拠を発見している。参加者の大半は努力を怠るようになるが、客観的に見て良い解決策が見つかるのは、通常参加人数が多いときだというのだ。これについては、（トーナメントのように）プロジェクトに参加する人数が多ければ、参加者は真に革新的なアイデアを試すようになると言う研究者もいる。[4] まさにパラレルパス効果を示している。こうした結果に加えてブードローらは、問題がむずかしければむずかしいほど、パラレルパス効果が良い方向に働き、努力を減じる効果は小さくなると論じた。

このように相反する力が働いているらしいこと、またイノベーションを求める試みが複雑であることを考慮すると、問題解決や意思決定のためにトーナメントを利用してみたいという管理職に向けて、明確な助言をするのは時期尚早のようだ。助言の参考としたい唯一の実証実験はブードローらによるものだが、素晴らしい研究ではあっても、これはイノベーション・トーナメントについての研究ではなく、明確に定義され、最良の答えについてもわかっている問題のコンテストについての研究だ。

ここでできる助言は、解決策はすぐわかるとみんなが思っている日常業務上の問題であれば参加者を限る。そうではなくて、現在わかっているような策では解決できないハードルの高い大問題の場合は広く参加者を募るということだ。これは、常に最大限の参加者を募るほうがいいとする、クラウドソーシングに関連しての研究でよく見られる主張とは多少異なる。[5]

トーナメントをデザインするにあたって、もっとも重要なことは、解決策が最大の効果を発揮する目標を詳細に定義することだ。目的が明確であればあるほど、優れた解決策を考え出せる人々の参加も増える。勝者の基準を明確にしておくことは、参加人数や賞金の配分法より重要な要素かもしれない。

2　賞金の形式

賞金はどのように配分したらいいか。現在行われているイノベーション・トーナメントではほとんど、勝者は一人、いわゆる勝者総取り方式が決まりになっている。だがこれは、プロスポーツなど類似のトーナメントでとられている方法、つまりトップ選手数人が（賞金額は一位から急激に減っていくが）賞金を分けあう方式とは違う。

トーナメントでインセンティヴを高める方法として経済学理論は通常、参加者のスキルのレベルやリスクに対する態度などに応じて、賞金を配分することを推奨する。イノベーション・トーナメントは（トップコーダー・コンテストや）スポーツ・トーナメントほどしょっちゅう行われてはいないが、副次的な「賞品」が大きな動機付けとなることがある。専門分野での評判とか、社内での昇進とか、その他、何かキャリアにプラスになるようなことである。だから、賞品は一つではなく、いくつか用意したほうがいいと私たちは考える。一つ以上の賞品を用意すれば、優秀な人たちが幅広く参加するようになり、動機付けの面でもプラスになる。それに、そうすることで損するわけでもない。だから、勝者総取り方式はお勧めしない。「勝者の取り分は多い」方式がいいだろう。

トーナメント政府

最近アメリカ連邦政府もトーナメントや賞品の計り知れない可能性に気がつき、それらを奨励する手段を多数講じている。政府自身による熱心な声明を見てみよう。

たとえば、米国防省の国防高等研究計画庁（DARPA）の「グランド・チャレンジ」は、自動運転型のロボットカー技術を発展させた。アメリカ航空宇宙局（NASA）の「センテニアル・チャレンジ」では、月面探査機や軌道エレベーター、燃料効率のいい航空機、宇宙飛行士用手袋などについて、学生やアマチュア発明家、テクノロジー企業からクリエイティヴな解決案が山ほど寄せられた。エネルギー省は「Lプライズ」を主催、従来の電球に代わる高品質、高効率のソリッドステート電球の開発に拍車をかけた。環境保護庁も賞品を用意して、学生などに環境管理を促進するビデオの制作を呼びかけた。国務省が主催したビデオや作文のコンテストには、様々な国、地域から参加があり、アメリカの民間外交に大きく貢献して、大成功を収めた。[6]

オバマ政権はトーナメントについてのガイダンスを発表しているが、それを見ると、トーナメントへの関心の高さがよくわかる。ガイダンスは、省庁にトーナメントの活用を促す条件や法順守の手順を定めている。[7] すでに多くの成功例があり、政府内の集団が革新的な解決策を見つけ出すためにトーナメントを利用することには大きな可能性が秘められていることがわかる。

二〇一〇年九月、オバマ政権は「Challenge.gov」というサイトを立ち上げ、連邦省庁が主催する賞金つきトーナメントをリストアップした。[8] 四ヵ月後、オバマ大統領は「アメリカ競争促進法延長案」を承認し、イノベーション促進のためにすべての省庁が賞品つきコンテストを主催することに法的権限を与えた。[9] その後二年間で、このサイトには四五の省庁から課題が発表され、一万六千件以上の参加があった。[10] 政府が抱える幅広い課題が取り上げられ、たとえば、国務省は一万ドルの賞金をかけて軍備管理と核不拡散を実施するための新しいアイデアを募集、環境保護庁と保健福祉省は共同で一六万ドルの賞金を出して、地域の大気の質を監視、報告するポータブルシステムの開発を課題にした。[11]

「Challenge.gov」と「アメリカ競争促進法延長案」は様々な成功例を生みだした。国立ガン研究所の利用者向けのポータルサイトもその一つだ。ガンやその他の病気の治療の臨床実験について、患者に情報を提供するサービスである。[12] アメリカ空軍研究所は競争を利用して、水や食料などの人道支援物資を人口密集地域に、物資を壊したり地上の人間に怪我をさせたりすることなく空から落下させるシステムの原型を作り出した。[13]

私たちから見て、政府内で行われたイノベーション・トーナメントの中でもっとも参考になる例は、国家情報長官局が高度情報研究所（ＩＡＲＰＡ）を通じて行ったものだ。トーナメントは「偶発事態総合評価プログラム」（ＩＡＲＰＡ－ＡＣＥ）と呼ばれ、その最大の目的は、情報分析を向上させ、検証可能な方法で予測を立てる方法を開発することだった。ネットフリックス賞と同じように、コンテストを形成する具体的な基本ルール、成功を決める厳格な計測法、いくつかの評価基準が決められた。

五つの産学協同チームが選ばれ、各チームには最初の一年におよそ一〇〇万ドルの予算が与えられた。「審判」となる六つ目の団体はトーナメントの管理のために雇われ、年間約一〇〇件の予測課題を含んだ、公平な競争の場をデザインし、五つの研究チームの成果のスコアを追跡した。チームはすべて、自分たちの成果を同じ計測法で得点をつけなくてはならない。気象予報士の実績を評価するのと同じ方法である。そして一年に一度、各チームは自分たちで最良と判断した方法を審判に報告、審判は五つのチームから提出された方法を用いて、新しく作った問題で予測を試みた。もちろん、五チームすべての方法に同じ問題を使う。

このトーナメントの賞品は資金援助の継続であり、成績のいい方法を開発したということが生むプロの間での好評価である。こうしたインセンティヴには、スポンサー、IARPAが参加チームに対し、一番いい成果を一番いいタイミングで発表することを要求できるという利点がある。一年に一度の会議の内容と各チームの状況報告書は参加チーム全部が共有できるため、各チームは自分たちの成果だけでなく他チームの成果からも学ぶことができる。各チームの成果がすべて公表されることは確保されている。なぜなら、これらの報告書によって、IARPAは次年度もトーナメントに参加できるかの資金援助について決定したからだ。

個人にとっての予測の問題は人間の活動に関わるものが多いが、企業や政府など組織が直面する予測の問題は、事態の評価や戦略的問題となる。先の方法は組織にとっての予測の問題解決に有効だ。そのような問題の例を挙げておこう。たとえば、今から六ヵ月後アサドはシリア大統領の職にあるか。年末までにギリシャはEUを離脱するか。今後六ヵ月以内に北朝鮮は韓国への攻撃や侵略に出るか。プーチンはロシア大統領に再選されるか。

チームによって、予測向上へのアプローチに特徴が出た。チーム1は統計に注目し、個人の見解を統合するのに数学的な調整を行った。チーム2は予測市場に注目した（第11章参照）。さらに、チーム3はデルファイ法（第6章参照）に、チーム4はチャットルームで社会とコミュニケーションをとっての予測に、チーム5は個々の評価の独立性と多様性を加味することを重視した。

このトーナメントで競争したチームは、これまでにすでに多くのことを発見した。平均をとることは役に立つ。私たちが集合知について言ってきた通りだ。個々の評価を過去の類似の事例での正確度に照らし合わせて、加味することはもっといい。過去の評価についての新たな考えの平均をとると（さらに、以前の評価より最近の評価の重要度を高く設定すると）、さらなる改善が見られる。

逆に、信頼度や専門性について評価者自身や同僚たちが下す主観的な判断を取り入れても、予測の精度を上げることはできない。予測市場もデルファイ法も、ごく普通の人間の予測でも改善できる。もっとも判断の助けとなったのは、多少驚きではあったが、予測問題について自由に議論する、昔からあるチャットルームという方法だった（この方法はペンシヴェニア大学のバーバラ・メラーズとフィリップ・テトロックが率いた「グッド・ジャッジメント・チーム」が探求していた）。

予測トーナメントでこれまでに出た結果は、私たちがここで述べてきた主な教訓を裏付けてくれているようで安心した。しかし、少しがっかりしたところもある。これまでのところトーナメントからは、いわゆる雑音や偏見を予測から取り除いて決断の向上を図る方法しか出てきていない。私たちが求めるのは、雑音を少なくするだけでなく、シグナルを聞きやすくする、真に画期的な方法だ。トーナメントはまだそこまでの成果を出してくれていない。そのためにはおそらく、もっと効果的な情報収集と管理が必要なのだろう。

学ぶべきことはまだまだ多い。しかし、注意深く行う対面での熟議、あるいは明確な構成の熟議が効果的だとは言えるかもしれない。デルファイ法の拡大版のようなもので、予測や決定に携わる者が共有されていない情報を管理することで、隠されたプロフィールや常識の罠を避けることができれば、ただ改善を積み重ねるだけでなく、突破口が開けるかもしれない。私たちの推論が正しいかどうかを証明するには、まだまだ多くの研究が必要だ。だが、少なくとも、試してみても害にはならない。

森を見よう

トーナメントは重要で、非常に興味深いトピックだ。これだけで一冊の本が書ける。だが、ここでは木を見て森を見ないという落とし穴に陥らないようにしよう。

まず、トーナメントは集団の失敗を少なくするには素晴らしい方法である。本書の第I部で検討した問題を克服できる。第二に、規模に関係なく、多くの組織は、創造力を刺激できるかを見るためにもトーナメント方式を試してみるべきだ。最後に、自らの組織の外に目を向けて、手助けを求めてみる。外部からの助けをもっと求めていい。世界中に声をかけてみたら、驚いたり、ワクワクしたりすることがいっぱい出てくるかもしれない。

Chapter

11

予測市場を活かす

最近誕生した予測市場は、将来の予測において目を見張る成功を収めている。熟議より成績がいいときもある。予測市場に注目すべき理由は三つある。①熟議を成功させるための重要なヒントを教えてくれること、②集団的知性について学べること、③官民どちらの組織にとっても、予測市場は時に有効な手段となりえること、である。

ハイエクと価格システム

予測市場を理解するには、社会主義と計画経済を徹底的に批判した二〇世紀の偉大な思想家、フリードリヒ・ハイエクから始めなくてはならない。ハイエクは、自由市場の重要性、とりわけ情報を集約する方法としての重要性を主張した。社会思想に大きな影響を与えた著作としては、一九四五年の小論「社会における知識の利用」がある。〔1〕

ハイエクは、価格の最大の利点は多くの人々の知識と嗜好を集約できることで、中央集権的な計画者や集団、理事会などが集めるよりはるかに多くの情報を統合することができると主張した。情報は共有されないという点に注目し、「独立した個人が各々所有する、不完全な、時に相反する知識の端々」と呼んだ。〔2〕この知識にはもちろん製品についての事実も含まれるが、それ以外に好みや嗜好も含まれ、正常に機能している市場ではそのすべてが考慮されるはずだ。ハイエクが特に強調したのが、「重要だが、一般的ルールという意味では科学的とは到底呼べない、体系化されていない知識、時と場所という特定の状況についての知識」だ。〔3〕

ハイエクにとって、経済の最大の問題は組織化されていない、分散した知識をいかに統合するかであった。この問題は、一人の人間、一つの集団で解決できるものではない。中央集権的なリーダーも、多様な人々が所有する知識のすべてにアクセスすることはできない。全体として見れば、そうした人々が所有する知識は、選りすぐりの聡明な専門家たちが集まった集団が所有する知識よりはるかに優れている。アリストテレスは熟議に大きな期待を寄せた。それが正しかったかどうかはとにかく、ハイエクは少数の優れた人間の頭脳を超える可能性が自由市場にあることを示した。

ハイエクの主たる論点は、情報集約に関して言えば、価格システムが最適の解決策となりえるということだ。関連する事実についての知識が多くの人々の間に散在しているシステムでは、価格が予想以上に精緻で正確な統合の道具となり、シグナルとなる。価格は散在する知識を集約し、それを公開する。価格自体が周りへのシグナルとして機能する。

価格システムのさらなる利点は、それが自動的に機能すること、特に変化への素早い対応という点での自動性だ。テレビ、車、タブレット型コンピュータ、時計などの製品についてマイナスの情報が新しく流れると、その製品の需要は直ちに落ち込み、価格も急落する。また、商品が突然品薄になったときには、利用者はその事態に対応しなくてはならない。ハイエクは、市場が全体として非常にうまく機能するのは、参加者がすべてを知っているからではなく、関連する情報が価格を通じて全員に伝えられるからだと論じる。

そこでハイエクは、「価格システムを、変化を認識する、一種の装置、あるいは、個々の生産者がいくつかの指標をモニターすることができる電気通信システムと呼ぶのは、単なる喩えではない」と主張した。[4] 彼はこのプロセスを驚嘆すべきことと呼び、「驚嘆」という言葉を使った目的をわざわざ次のように説明している。「我々は装置が機能することを当たり前のように思いがちだが、その漫然たる状態から読者を呼び覚ますためである」。[5] ハイエクの考えでは、価格システムは非常に良くできた集団的知性のシステムだ。皆が知ることを集約し、また、適切なインセンティヴを提供するからだ。

ハイエクは正しかったのか、つまり、（行動経済学者のロバート・シラーやリチャード・セイラーらが力説するように）市場は間違いや混乱をも情報として組み込んでしまわないか、という疑問は確かに残る。[6] シラーは特に、盲人が盲人を導くように、投資家がただ周りの流れに乗ってしまうという状況で、情報カスケードや群れ行動が株価に影響を与えると論じた。ハイエクの市場プロセスについての楽観論の根本に挑戦するかのごとく、シラーは、「株式市場を長年にわたって左右してきた人間の心理は、それ以外の市場にも影響を与える可能性を持っている」と結論する。[7]

市場は間違いや幻想も妥当な情報として組み込んでしまう可能性があるという、行動科学からの疑問は後で論じるとして、ここではまず、今の私たちの目的に沿って、次の質問に取り組むことにしよう。市場メカニズムを利用して、集団の判断を向上させることができるだろうか。

再び、インセンティヴについて

企業はどうしたら、製品の成功や失敗を予測できるか。数年前、グーグルが画期的な方法を採用した。[8] 社員が社の様々な成果について「賭け」をすることができる予測市場を作ったのだ。参加者は、製品発表の時期、成功の可能性やその他様々な見込みについて予測する。使われるのは仮想通貨だが、様々な賞品をもらうことができる。投資、というか「賭け」が価格を決定する。たとえば、次年度のグーグルの新製品は二〇〇万個売れると社員の多くが信じて、そのように賭けたとすると、価格はその思いを反映する。

全体的に見て、グーグルの予測市場は驚くほど正確な結果を出した。価格が二〇〇万個の販売予測を反映している場合、売り上げは二〇〇万個近いものになる。価格が、製品発表は七月一日までには行われないことを示すと、その期日までには発表されないことが多い。社内に散在している知識はこのように、正しく集約されたのである。グーグルでは予測市場が機能したようだが、それは、多くの社員がそれぞれの情報に基づいた意見を表明し、それらの意見の総計としての市場価格が正確であったということだ。もっとも驚いた発見は、予測市場では価格は確率の機能を持つということだった。[9] 価格が、ある出来事が九〇%起こる可能性があると示すと、九〇％の確率で事は起きる。

熟議集団のメンバーは自分の意見を言いたいインセンティヴに欠けるのかもしれないという可能性についてはすでに見た。発言することは、他者のためになるかもしれないが、自分にとってのコストが高くなるからだ。対照的に、予測市場はまさにその問題を克服するような形でインセンティヴを組み直している。予測市場への投資は通常、（一般への公表はもちろん）雇用者にも知らされないため、賭け、あるいは取引を行う人たちは自分の評判について心配する必要がない。たとえ、社の売り上げが低下するとか、友人や同僚に支持されていない候補が大統領に当選するなどと予測したとしても、自分の評判が傷つくことはない。

参加者は自らの投資によって得をしたり損をするわけだから、自分の持っている情報を使おう（つまりは公表しよう）とする強いインセンティヴになる。実際、予測市場を設定した管理職の話によると、市場に呼応したチャットグループや情報掲示板も、市場の結果と同じくらいの情報源になるという。また、情報の詳細が公表されなくても、価格シグナルには反映されることになるという。こうした特徴が決定的となって、熟議集団を悩ませる問題は、予測市場ではほとんど取り除かれる。

予測市場はまた、参加者に正確な情報を探し出そうとするインセンティヴを作り出す。参加者はやみくもに投資はしないし、自分が有利となる情報を探して、取引をいったん止めることもできる。多くの熟議集団では、参加者はその場を離れることができない。熟議は続けなくてはならないが、必要な情報は分散し、個々の参加者の胸の内に秘められたままだ。

投資する人間も他の人々と同様、他者の意見からの情報プレッシャーにさらされる。しかし、人々は（投資や「賭け」を通じて）自分が知っていることを公表することで得するのだから、競争市場というのは、自らの情報を公表する強いインセンティヴを作り出す。事実、予測市場は個々の誤りを増幅させずに、排除することがわかっている。個々の参加者が誤っていても、取引から生まれる価格は信頼に足るものだ。最近では、予測市場は単に貴重な情報を提供するだけではない。多くの領域で予測は非常に正確であり、価格は確率として機能する。

予測市場の成功例

多様な意見を集約する予測市場は、数え切れないほどの分野で盛んに採用されるようになった。たとえば、ハリウッド・ストック・エクスチェンジ（ＨＳＸ）はアカデミー賞の候補者や受賞者を予測したり、封切り直後の週末の興行成績を予測するウェブサービスである。その正確度は目を見張るものだが、取引する人々が使用するのが本当のお金ではなく仮想通貨であることを考えると、これは面白い結果だ。[10] この予測市場が特に注目されるのはアカデミー賞受賞者の予想で、これが気味が悪いほどによく当たる。ここで取引される大半の分野で、予測された人が受賞している。授賞式の日、誰がアカデミー協会に感謝するスピーチをすることになるかを知りたければ、HSXの動向を見ればいい。仮想通貨を使用する予測市場の結果は、本当のお金を使用する市場の結果と大差ない。[11]

他にも多くの例がある。天気を予測するのは不可能だと考える人は多いが、「全国天気予報サービス」(NWS)はいい成績を残しているし、オレンジジュースの先物市場はもっといい。[12]もう一つ大規模に行われている予測市場は、週の後半に発表される経済データの影響に関するもので、これは予測のプロ五〇人が一致して出した予測より、当たることが多い。[13]

予測市場を使って意見を集約する企業は増えてきた。家電会社のベスト・バイ社は(社のロゴにある黄色いタグに倣って)「タグ・トレード」という予測市場を設立した。ここでは、社員は(大統領選、スポーツの試合など)社外の出来事と(四半期の営業成績、新店舗が予定通り開店するかなど)社の出来事について賭けをする。使われるのは代用通貨《クレジット》だが、賞品を出すことで参加を促している。トップの成績をとった社員は二〇〇ドル分の商品券と、皆の憧れの、社名を特別に刺繍したシャツがもらえる。[14]

タグ・トレードは素晴らしい結果を出している。四半期の成績の予測では社の営業部門より正確、新オフィスが予定通りオープンするかの予測では社の建設部門より確かだった。長年の競争相手であるサーキット・シティ社を打ち負かして社が存続したことに貢献したとも言われる。[15] 二〇一一年半ばには、タグ・トレードは二四〇の予測を実施し、国内社員二一〇〇人が参加している。[16]

数年前、ヒューレット・パッカード（HP）社はカリフォルニア工科大学と共同で、製品売上予測のための情報集約メカニズムとして、予測市場を研究するプロジェクトを立ち上げた。[17] 実験のために、HP社の様々な部門で働く人々が選ばれたが、小規模だったため、参加者が少なく、市場も理想より流動性に欠け、取引もそれほど活発なものにはならなかった。とはいえ、参加者はそれぞれの部署が持つ情報を提供できるという前提で選ばれている。

市場の前提は、売り上げの一定間隔ごとに有価証券を発行するというものだった。たとえば、プリンタの販売台数が一台から一〇台の間であれば、証券が一枚発行され、一〇台から二〇台であれば一枚追加されるという具合だ。実験の大半で、間隔（たとえば一〇台ごと）は同じ、売り上げは一〇段階まで設定した。それぞれの証券価格に基づいて、参加者はその月に何台売れるかを予測した。予測市場は、熟議を通じての社内予測に比べて大きな利点を持つことが期待された。営業に関わる社員は、予測が期待を裏切らないよう、低めの予測を立てる傾向がある。この偏向も、その逆の過度の楽観論も、市場のインセンティヴによって抑えることができる。

結果、市場の予測によって HP 社の公式予測は大いに向上した。公式予測も出た八つの市場のうちの六つで、市場予測のほうが公式予測より実際の数字にかなり近いものになった。イーライリリー社やマイクロソフトなど多くの企業が、将来の策を論じる際に討議を補うものとして予測市場を利用し始めている。

一九八八年以来、アイオワ大学は「アイオワ電子市場」(IEM)を運営し、大統領選の結果についての賭けを実施している。二〇〇四年の大統領選まで、IEMは世論調査専門会社の成績を上回る結果を出した。五九六回行われた予測のうち四五一回で世論調査会社より正確だった。[18] 一九八八年から二〇〇〇年の間の四回の大統領選では、予測の誤差の範囲は平均一・五%、ギャラップ調査の最終調査での誤差が二・一%だったことを考えると、かなりの進歩である。[19] 二〇〇四年、IEMは特に良い結果を出した。本選前日の一一月一日の深夜、獲得得票率を、ジョージ・W・ブッシュ五〇・四五%、ジョン・ケリー四九・五五%と予測した。実際の数字はブッシュ五一・五六%、ケリー四八・四四%だったから、非常に近い数字である。

二〇〇八年、IEMは、政治評論家たちがジョー・バイデン上院議員を大統領候補バラク・オバマ上院議員の有力副大統領候補と見るかなり前から、副大統領候補になることを予測していた。副大統領候補発表の何時間も前に、八〇%の確率でバイデンが選ばれると予測した。[20] さらに、本選での獲得得票率については、オバマ五三・五五%、マケイン四六・四五%と予測したが、これも、オバマ五二・九三%、マケイン四五・六五%という実際の数字に近かった。二〇一二年にも同様に正確な予測結果を出した。獲得得票についての市場予測は、オバマ大統領五〇・九%、ミット・ロムニー四八・四%で、実際の数字はオバマ五〇・六%、ロムニー四七・八%だった。[21] IEMは、選挙直前の予測だけでなく、長期的な予測においてもいい成績を収めている。[22]

偏見

偏見についてはどうだろう。予測市場に影響を与えないだろうか。集団熟議と同じように、市場参加もよくあるヒューリスティックや偏見に惑わされたりしないか。人は当然、こうしたものの影響を受ける。社会科学者は、人には自分が支持する候補者の勝利の可能性を過大評価する傾向、つまり一種の楽観的偏向があることを認めている。一九八〇年の大統領選中のある時期、ジミー・カーター支持者の八七%がカーターの勝利を信じ、ロナルド・レーガンの支持者の八〇%はレーガンの勝利を信じた。[23] カーター支持者は明らかに、自分が支持するカーターの可能性を過大に評価したのである。

驚きだが、ニューヨークのギャンブラーの中にはとにかくニューヨーク・ヤンキースに賭ける人がいると聞く。[24] しかし、ＩＥＭ参加者にも同じような偏見が見受けられる。一九八八年、マイケル・デュカキスの支持者は対立候補のジョージ・Ｈ・Ｗ・ブッシュの支持者より、デュカキスの勝利に賭ける傾向を見せた。[25] マサチューセッツ州知事だったデュカキスは結局敗北するのだが、さらにびっくりしたのが、デュカキス支持者は候補者討論が行われる度にデュカキスのほうが良かったと考え、賭け金を増やしたことだ。[26] ブッシュ支持者もまったく同じことをした。

人は普通、自分の世界観を再確認するような形で新しい情報を取り込んでいく。「確証バイアス」だ。予測市場に参加する人も同じ偏向を見せる。[27] 株式市場で多くの投資家が損失を出すのは、間違いなくこれが理由だろう。一般的に言って、市場参加者は支持政党に即した取引をする。[28]

にもかかわらず、ＩＥＭは一九八八年の大統領選の結果の予測で、どの世論調査専門会社よりも正確な予測をした。本選三週間前、候補者の獲得得票率についてほぼ完璧な予測を出したのである。[29] 単純に見れば、これは、人々の多くには偏見があっても、市場全体はそうではないということだ。参加する人々が間違いを犯すことがあっても、市場は正確なのはどうしてだろうか。

「例外的トレーダー仮説」がその答えを教えてくれるかもしれない。これは、偏見のない少数のトレーダーの集団の行動に注目する仮説だ。よくある偏見の影響を受けないトレーダーは、その数に比して、価格により大きな影響を及ぼす。選挙市場では、そうしたトレーダーは他のトレーダーの失敗のおかげで、大きな利益を得る。[30] 例外的トレーダーが積極的に動き、他の参加者の間違いや偏見から利益を得るなら、情報の集約である市場価格への影響はない。これで、ハイエクの説は実証されたわけだ。

予測市場に影響を与えそうな偏向としては、競馬でよく見られる（本命より穴馬を選ぶ）「穴馬バイアス」が考えられる。競馬では本命馬の払戻金のほうが他の馬より多く、穴馬の払戻金は予想より少ない。[31] テニスでも同じような偏向が見られ、有力選手の払戻金は多く、ランクの低い選手は予想外の賭け金を集める。[32] このような分野では、賭けをする人間は本命を必要以上に避け、穴馬を選ぶ傾向が強い。

こうした傾向が予測市場でも表れるとしたら、ありそうにもない出来事については予測市場もそれほど正確ではないかもしれない。[33] 市場は、そうしたありえない出来事が起こる可能性も過大に評価すると想像されるからだ。しかし現行の予測市場では、そうしたシステム・レベルの間違いが起こっていることを示す証拠はあまりない。[34]

市場の中には、トレーダーの偏見のおかげで偏向するものもある。行動科学はその全分野を通じて、そのように偏向した市場が持続する理由を解き明かそうとする。[35] だが、予測市場は全般的にこの問題とは無関係だった。現在活発な研究が行われていることを考えると、この問題についてはこれからさらに多くがわかってくるだろう。

バブル

株式市場には、株が本来の価値以上の値段で取引されるバブルという状態があることは知っての通りだ。バブルは、自分がその株式は評価が高いと信じるだけではなく、他の人も高いと考えていると思ったときに起きる。他の投資家も夢中なのだから株価は上がると期待して投資するのだ。[36]

予測市場でもバブルは起こるか。もちろん、起こりうる。予測バブルは簡単に想像できる。投資家は他の投資家も同じように動くだろうという期待の下に一定の方向に動く。そのようにバブルが起こりうるなら、当然暴落も起こる。

情報シグナルにより、人は愚かな投資をする。それはどんな市場でも起こることで、予測市場も例外ではない。投資についての決断はどの製品を買うかを決めるときと同じで、情報カスケードが大きな役割を演じる。何かの気まぐれで、スニーカー・メーカー、本、テレビ番組、レストラン、映画などがもてはやされることがあるかもしれない。多くの人はこれらのものに惹かれる。それは、その製品がいいという情報を独自に入手したからではなく、他のものよりいいと考えるからでもない。単にカスケードが見せるシグナルを追っかけているだけなのだ。

ハイエクは、群れ行動が市場にもたらすリスクについてはあまり考えなかった。もし考えていたら、賢い投資家はそのようなリスクには敏感で、それを利用するだろうと答えたのではないか。ある製品や株式はお買い得だと太鼓判を押す集団がいれば、他の人々も、始めは少しずつ、徐々に大挙して、それを買うようになる。そうして市場は最終的には自動修正する。

だが経験から言って、この見方は、少なくとも通常の株式にとっては楽観的すぎる。[37] 予測市場が発展していけば、個人の誤りも拡大し、価格シグナルに誤りを生じさせることになる。二〇〇四年の大統領選では投票当日、ケリー有利という出口調査の結果がニュースで流れ、一般の予想が大きく変わっただけでなく、選挙市場でもブッシュからケリーに大きく振れた。[38] 噂は傍観者だけでなく、投資家にも影響を与える。

一見重要なニュースによって数多くの投資家が一斉に売りや買いに動くと、大規模な誤りが起こりやすい。二〇〇四年の選挙の例は、投資家が互いの判断に呼応して動いたカスケードだったのかもしれない。その判断の根拠が不確かな情報だったとしても。だが、予測市場に大きな期待を寄せる人々には、喜ばしいこともあった。誤った予測は数時間しか続かず、その後の数字は以前の正確さのレベルに戻っている。

実現可能性

多くの集団にとって、予測市場は実現可能かという問題がつきまとう。市場を作り出すのは簡単ではないし、仕組みを設定しようとすると迷うことも多く、時間もかかる。事業主や地方政府が短期的な決定に迫られているときは、予測市場を実施する意味があるだろう。しかし、関係する集団の規模が小さいときは、投資家の数が充分でないことからだけでも、効果的な市場の設立は不可能に近い。ある程度の人数がいなければ、予測市場が集約するに足る情報が確保できない。それでも、問題解決のために官民のどこでも、この方法を試す価値はある。実際、役所関連でこうした市場が利用できないかを検討する、野心的な試みが進行中である。

財政赤字、債務超過のリスク、疾病や自然災害の発生可能性など、政府が予測市場の利用を考慮する価値のある問題もある。こうした事例での予測市場の結果は、熟議をするプロセスについて現実に即した再確認を促すことにもなるかもしれない。自然災害で起こりえる被害状況、実際の疾病やその可能性から考えられる年間死亡数などについての市場の予測を、熟議に取り入れてもいい。このような場合では、官民どちらでも予測市場を設立することで重大な情報を提供できるし、公的機関はその情報を考慮して政策判断を下すこともできる。

Chapter 12

みんなに聞いてみる

連邦省庁は毎年、何千という規制を新たに施行する。医療保健、移民、大気浄化など、問題が何であれ、連邦政府の政策は規制の制定を通じて実行される。集団で動く省庁は、必要な情報を集めようと本当に苦労している。OIRAの主たる責務は散在する情報を集めることで、それによって、政府で働く人々、つまり関連する集団がより賢くなることを目指す。

だが、自画自賛はほどほどにしておこう。官僚たちは、一つの深刻な問題に直面している。ハイエクなら充分わかっていたことだ。ハイエク信奉者は、その問題を「知識の問題」と呼ぶ。官僚が専門知識を有し、多様性に富んでいて、意欲も充分だったとしても、彼らの持っている情報だけでは足りないかもしれない。大気汚染の規制は、全米の企業や、州、地方の政府に大きな影響を及ぼす。だが、規制でロサンゼルスにどのような影響があるか、オハイオやユタ、ミシガンなどにある企業にはどうか、そのようなことは規制担当者には見えていないかもしれない。政府には優秀な科学者がいるかもしれないが（実際いる）、国内にはもっと多くの科学者が存在し、彼らが政府に欠けている知識を持っていることもよくある。官僚は必要な知識を手に入れるためには、どうしたらいいのだろうか。

小さな法律、大きな驚き

連邦政府では、この問題に対し「パブリックコメント」型規制制定方式を採用している。規制案を公表し、一般からコメントを募るやり方で、コメント募集には適当な期間（最短六〇日）が与えられる。国土安全保障、大気汚染、移民、食の安全など、対象の規制案は多岐にわたる。このプロセスに関連して、行政法専門の大学教授の間にはお決まりの考え方が広く浸透している。穿った見方とでも呼ぼうか。それによると、パブリックコメントという手続きはまやかし、見せかけ、歌舞伎的な派手な見世物だそうだ。本当の仕事は舞台の裏で行われていて、規制案が公表されるときには、基本的には案は出来上がっているというのである。

この見方がまったくの誤りであることを、サンスティーンは政府で仕事をしているときに学んだ。コメント募集期間というのは非常に大事で、連邦省庁は人々の提案や懸念を真剣に取り上げ、考えている。なぜそうするのか、大きな理由が一つある。人々は官僚が持っていない情報を持っているから、正しく規制を行うためには、官僚はそうした知識を考慮に入れなくてはならないのだ。多数の人々が寄せたコメントによって、規制案は何度も修正され、大きく改善されたものになっていく。

規制が明確になることもある。時には、行き過ぎだということで規制が縮小されることもある。規制の方向を変えたほうがいいということになれば、方向が修正される。さらに棚上げにされて、二度と出てこない案もある。「通知してコメント」方式は専ら情報収集のためであって、利益集団からの圧力に配慮するとか、政治的駆け引きを行うとかのためではない。

この章は非常に単純な考えを述べている章であるため、本書の中でもっとも短い。連邦政府の実践に倣い、民間を含めて他の組織でも、公式、非公式の「パブリックコメント」方式が役に立つ場合があるかもしれないことを示していくだけだ。たとえば、ソーシャル・メディア企業がプライバシー・ポリシーの修正を考えているとしよう。その場合、一般からコメントを募るというのは理にかなったことだ。実際、フェイスブックはこの方法をとったことがある。二〇一二年八月、フェイスブックは次のような文章を掲載した。

私たちは、我が社のデータ・ポリシーと利用規約をアップデートしようと考えています。この二つは当社のデータ収集と利用の方法、また、利用者の皆さんがフェイスブックを利用するときに適用されるルールを規定しています。少しお時間をいただきますが、ドキュメント・タブ、あるいは下記で、どのような修正であるかをお読みいただいて、七日以内にコメントをお寄せください。コメントから新たな修正が加えられた場合は、このページに掲載いたします。

フェイスブックのプライバシー・ポリシーに問題がなかったわけではない。だが、一般からコメントを募ることには、利点が二つある。第一に、散在する情報を集めるというだけでも、最終の修正案が改善される可能性は高くなる。第二に、好感度も、正当性やフェアプレーの印象も高くなる。政府の例で言えば、パブリックコメントの手続きは、人々に自分たちの意見を聞いてもらえる権利があるという気持ちを強くさせる効果がある。その権利が本物だと思える限り、最終案は、一部の人は必ずしも同意できなくても、全体的には妥当なものになる。権利が本当のものだと思えない場合は、そうは行かない（確かに、対面のミーティングのほうがコメント募集より効果は高いが、そのようなミーティングには時間がかかる）。民間部門では、この二つの効果は特に重要だろう。

例はたくさんある。デジタル宣伝企業が作る任意団体「ネットワーク・アドバタイジング・イニシアティヴ」は団体の行動規範作成の際、パブリックコメントの期間をとった。[1] 同じように、ラスベガスの不動産会社は、空いている小売店舗をどのようなテナントに貸したらいいか、消費者の助言を仰いだ。[2] 空き店舗には「ヘルプ！　あなたの意見を聞かせてください」と書いて、QRコードを印刷したポスターを貼った。通行人はそのコードを携帯でスキャンして、その場所にどんな店ができたら便利かをフィードバックした。[3] 銃器は色々と議論の多い分野だが、トラッキング・ポイント社という銃器製造メーカーは、どのような銃を作ってほしいか、一般の意見を求めたことがある。[4] 衣料品メーカーも、新しいラインの製品を作ろうとするとき、顧客や顧客になりそうな人々の間に散在する情報を集めれば役に立つだろう。

民間部門では、パブリックコメントを求めることが標準にはならないだろう。政府と民間企業には大きな違いがある。企業は市場に縛られるもので、人々が何が好きで、何を買いたいと思っているか、比較的早く知ることができる。自由市場は消費者の反応に左右される。企業は前もって消費者の意見を聞くより、消費者が（市場で）実際に選んだものを見るほうが適切だ。製品が売れるかどうかを知ることが目的なら、調査ではなく実際の行動を見るほうがはるかにいい。

また、パブリックコメント期間はリスクも生みだす。たとえば、自分のコメントが反映されなかった人々からは批判的な反応が出る。パブリックコメントは最終結果の正当性について良い印象を生むと、先ほどは述べたが、このプロセス全体が逆効果になることもある。

ここでも、問題はコスパだ。コメントを募り、活用するための費用が効果を上回ることもある。しかし、組織の結論がもしかしたら間違っているかもしれないことを心配するのなら、前もってフィードバックを求めることを考えてもいいだろう。器量の大きいことを示せることもあるし、おまけにビジネスとしてもいい策となるかもしれない。

Chapter

13

「ボールは一つ」

スポーツの世界では、「他の選手を活かす」ことで有名な選手がいる。マジック・ジョンソンは偉大なバスケットボール選手で、ロサンゼルス・レイカーズをNBA（全米バスケットボール協会）チャンピオンシップで五回の優勝に導いている。彼は自身がシュート、パス、リバウンドに卓越していただけでなく、平凡なプレイヤーでしかなかったチームメートまでもスターに変身させた。マイケル・ジョーダンも偉大で、史上最高の選手だったが、当初はシカゴ・ブルズを勝たせることはできなかった。彼はチャンピオンにはなれないかもしれない、と人々は疑った。なぜなら、彼は「チームプレイヤーではなかった」からだ。

ビジネスの世界でも、若き日のマイケル・ジョーダンのような人がいる。個人プレーのスーパースターで、自身の才能を発揮する以外、チームに貢献はしない。一方で、マジック・ジョンソンのような人もいる。周りの人間を活かすことができる人物だ。では、チームを高めるのはどんな人間か。単に印象や直感、喩え話ではなく、証拠に基づいたことが何か言えるだろうか。この疑問については、興味深い答えが生まれつつある。「一般集団知能」（C因子）と呼ばれるものに関連するものだ。

チームプレイヤー

社会科学者は、人がいかにして大量の認知作業を行うかの能力を表す統計的手法を開発した。この能力は時に、「一般知能」（G因子）と呼ばれる。当然、集団はこの一般知能を備えた人間を集めたほうがいい。正論だ。認知能力を測るには様々な方法があるが、どれも小規模集団ではIQレベルが高い集団のほうが大きな成果を出すという正比例の関係が見られる。[1]

実験での結果と実際に仕事をしている集団の研究結果を比べると、後者のほうがその関係性は弱いのだが、賢いメンバーがいる集団のほうが大きな成果を出すことには疑う余地はない。大した観察結果ではないが、人を集めるときには頭に入れておいたほうがいい。

ただ、この結論には重要な但し書きがつく。それを確かめるには、もう一度バスケットボールを例に挙げなくてはならない。二〇一〇年、マイアミ・ヒートは、レブロン・ジェームズ、ドウェイン・ウェイド、クリス・ボッシュという正真正銘のスーパースター三人を擁するドリーム・チームを結成した。ジェームズとウェイドは史上最高のプレイヤーと目されていたし、ボッシュはオールスター・チームに選ばれたこともある。チームが結成されたばかりの頃、サンスティーンはボストン・セルティックスの元選手で殿堂入りもしているビル・ラッセルに会うという幸運を得た。プロスポーツ史上最高の選手であり、もっとも優れたチームプレイヤーとしても知られている。NBAでプレーした一三年間で一一回もチャンピオンとなり、勝率はなんと八五％だ。ところが、ラッセルは心配性型のリーダーだった。重要な試合の前には吐くことで有名で、彼がトイレにこもっていると、チームメートは、今日はイケる！と思ったという。

サンスティーンはワクワクしながらもおっかなびっくりだったが（だって、ビル・ラッセルと話すのだから）、その年マイアミ・ヒートは優勝するかと尋ねてみた。サンスティーンはラッセルが「イエス」と答えると思い込んでいた。ジェームズ、ウェイド、ボッシュに勝つなんて、誰にもできっこない。ところが、ラッセルの答えは確信に満ちた「ノー」だった。理由を聞いてみると、ラッセルは静かに、だがはっきりとこう言った。「ボールは一つしかない」。予想通り、ヒートは最終戦でダラス・マーヴェリックスに負けた。技術的にははるかに劣っていたが、相手は正真正銘のチームだったのだ。

ここで、マイケル・ジョーダンの話に戻そう。ジョーダンは引退するまでに六度の優勝を果たし、ジョンソンの記録を超えて（ラッセルは超えられなかったが）、優勝回数ではトップランクの一人に名を連ねた。何があったのだろう。

ヒントはこれだ。一九九一年、ロサンゼルス・フォーラムでNBAファイナル第五戦が行われた。シカゴ・ブルズはシリーズ三勝一敗で勝ち越していたが、まだまだ予断を許さない状況だった。二人がかりのダブルチームに阻まれ、ジョーダンはシュートを多く打ったものの、ことごとく外した。勝負を分けるタイミングでとったタイムアウトで、ブルズのコーチ、フィル・ジャクソンはジョーダンを真正面から見据えて言った。「マイケル、誰が空いている？」ジョーダンは答えなかった。ジャクソンはもう一度聞いた。「マイケル、誰が空いている？」ジョーダンは答えた。「パックス」。

「パックス」とはジョン・パクソンのことで、あまり目立たないガードだが、誰にもマークされていないときのシュートは百発百中というプレイヤーだった。ジョーダンはパクソンにボールを回し、パクソンは邪魔されずに次々にシュートを沈めた。結果、ブルズは初めてNBAを制した。ちなみに、マイアミ・ヒートもその後チームとして機能するようになり、最初の負けを克服して二度優勝を果たしている。

バスケットボールの話はここまで。以前、オバマ政権内の心配性型のリーダーとしてナンシー・アン・デパールとジェフリー・ジエンツの話をした。二人はまったく違うタイプだが、ボールが一つしかないことを理解していて、誰が空いているかを把握している。心配性ではあるが、ただ問題に圧倒されているわけではない。回り道しながらも、解決策を見つけ出そうとする。二人は、チームを集めるときには、スキルだけでなく、チームワークの能力や、チームに必要なことを新たに足していく能力があるかを見ることの重要性をよく理解している。

うまくかみ合う選手がいい選手だ、とはありきたりすぎる言い方かもしれないが、それでも、頭に入れておくことは重要だ。能力だけでなく性格も、事を左右する。こう言うと、少なくとも西洋文化では、人々の多くは直感的に次の二つの結論に到達する。第一に、性格には向き不向きがあるということ（若き日のマイケル・ジョーダンに比べてのビル・ラッセルやマジック・ジョンソンのように）。第二に、成功する集団には、様々な性格がミックスされていること。

この二つの結論は誤りではないが、どんな任務にはどんなミックスがいいのか、具体的な話にはつながらない。来年の投資戦略を作成するには、どんな性格が最適なのか。携帯の売り出し、企業の買収交渉、新薬の開発、緊急避難の実施、新規企業の立ち上げ、著作権訴訟での裁判対策等々、きりがない。

よくある誤り

この問題に答えるのに全米の企業でもっともよく使われる方法が、「マイヤーズ－ブリッグズ性格指標」である。好みなどについての自己申告に基づいて人を一六の基本「性格タイプ」に分類する方法だ。多くの企業が、このテストを非常に重視している。

人を性格別に分類することはビジネスではあまり有効なことではないのだが、その説明に行く前に、行動を予測するのに性格評価を利用することの短所を挙げておこう。（アジアのように）集団志向ではない西洋人は、人の性格を見て、その人の行動を理解し、将来を予測するというやり方に執着してきた。スミスという従業員が時間制限のある状況でどう行動するかを考えるとき、「スミスがどんなタイプの人間か」を見る。これは的外れの問いではないが、実際には、どれほど確実な性格診断も予測については大した力はない。にもかかわらず、多くの人は友人や同僚の行動を説明するのに、その人物の性格についての印象に頼る。[2] それが誤りの元となることは少なくない。

時と場所に関係なく、人は一貫していると思い込むことが問題なのだ。家で怠け者の人は、仕事でもエクササイズでも怠け者だと思ってしまうだろう。授業中に注意力散漫な人は仕事でも同じだと思う。しかし実際には、状況に関係なく一貫した行動をとることはない。私たちが異なる状況でとる行動は、思っているほど一貫してはいない。これは、人の行動の一貫性について私たちが抱く信念には明確に反する。行動の一貫性について誤った信念を持ち、それに基づいた予測についても信じてしまうため、私たちは、他者を理解し、その行動を予測できると自信過剰になっている。

社会心理学者は、性格指標に頼りすぎる傾向を「根本的な帰属の誤り」と呼ぶ。[3]「帰属」は、人の行動はその人の持つ（外向的とか、怠惰とか）性格の表れであるという、常識的な考えを指す。だが、外向的とか良心的とかいう、はっきりとは言い切れない性格では予測まではできないとなれば、マイヤーズ－ブリッグズ試験で使用される非科学的なタイプ分けは、予測という目的には何の役にも立たないし、チームや集団を編成する上でも意味はない。

マイヤーズ－ブリッグズ試験の質問を例に考えてみよう。たとえば、「あなたはどのような上司の下で働きたいか。（a）いい人だが、一貫性のない上司、（b）辛辣だが、常に論理的な人」という質問がある。どちらかの答えを選ぶことにより、回答者は「感性」か「理論」かに分類される。あるいは、こんな質問。「（a）「事実が語る」か、（b）事実は「原則の表れ」か、どちらが真実か」。答えによって、「感受性」か「判断」かに分類される。さらにもう一つ。「あなたは、（a）外向的でおしゃべり好き、自分のことを話すのが好きな人間か、（b）

内向的で寡黙、自分のことを話したがらない人間か」。答えによって、外向的か内向的かに分類される。マイヤーズ－ブリッグズ試験の一六分類は基本的に、①外向的－内向的、②検知－直感、③思考－感性、④判断－感受性の四つの次元で定義されたものになっている。

アメリカの主要企業の九〇％が採用、人員配置、カウンセリングに際して、マイヤーズ－ブリッグズ試験を利用しているという報告もある。[4] だが、詳細な研究によれば、この試験ではどのような行動も正確には予測できないという結果が出ている。[5] 問題の一つは、統計学で言う「試験－再試験信頼度」が低いという点だ。同じ試験を一ヵ月後に再び受けると、別の性格に分類される可能性が五〇％あるという。信頼度がこんなに低いと、予測についてもいい加減なものになり、ある社員を三ヵ月間のプロジェクトに入れようかどうかを決めようとしている会社にとっては役に立たない。

ある研究グループが、チームワークに関してマイヤーズ－ブリッグズ試験が本当に有用かを実験した結果、「（この試験は）行動の違いも説明できなければ、個人がどのような性癖を示しているのかの特定もできない」と結論づけた。[6] さらに、統計的変成分析などの科学的検証を行うと、マイヤーズ－ブリッグズ試験より精度の高い指標を持つ試験すら、そのスコアに有用性を見出せなかった。[7] つまり、マイヤーズ－ブリッグズ試験は、新規の任務にあたらせるチームの人員を選ぶ際に役に立つヒントにはなりそうもない。

マイヤーズ－ブリッグズ試験に弱点はあっても、ある意味で人付き合いがいい人間かどうかがチームの出来に影響を与えることはある（ビル・ラッセルが指摘している）。もう少し具体的に言えば、仕事の社会的環境についての好みについて調査できると、チームが成功するかどうかについて有益なヒントが得られることが研究によって示されている。チームで仕事をすることを好む人間からなるチームは大きな成果を出す。[8] そうした好みと仕事の出来の関係はそれほど強いものではないが、関係があるのは事実であり、賢い集団なら考慮すべき点だろう。

興味を引く発見

集団にとって役に立つタイプがあるかどうかについてはさらなる研究が待たれる。だが、最近マサチューセッツ工科大学（ＭＩＴ）の集団的知性研究センターに関連するグループが行った研究に、一つとても示唆に富む結果が表れている。[9] この研究グループは、問題の内容に関係なく、チームの問題解決能力を測ることができる一般的な方法はないだろうかと考えた。そして、ブレインストーミングからＩＱテスト、道徳的問題、さらにはチェッカーのゲームまで広範囲の問題を取り上げて、二人から五人までの集団を対象に二回の大規模調査を行った。

その結果、三つの異なる要因を組み合わせると集団的ＩＱを測定する有効な指標となるということがわかった。彼らはこれを「C因子」と呼んだ。第一の要因は社会的感知力で、このテスト（「まなざしから心を読むテスト」）でのメンバーの平均得点によってチームの成績を予測することができた。つまり、平均得点が高ければ集団の成績もいい。このテストはそもそも、自閉症の児童を診断するために、心理学者のサイモン・バロン・コーエン（コメディ俳優のサシャ・バロン・コーエンのいとこ）が開発したものだ。[10] 被験者は人物の目だけが写った写真を見せられ、その人物の感情（はしゃいでいる、イライラしている、退屈している、など）を判断する。

第二の要因は参加者のばらつきで、少数の人間が議論を牛耳ってしまうと集団としての成果は上がらない。特に面白いのが第三の要因で、チーム内の女性の人数である。女性の人数とチームの成果は正の相関関係にあった。

この研究でもっとも注目すべき結果は、従来の知能検査より「C因子」のほうがチームの成果について正確に予測できたということだ（チームプレイヤーからなる二〇一〇年のダラス・マーヴェリックスとスター選手を集めた同じ年のマイアミ・ヒートを比べてみるといい）。ＩＱは平均値も最高値も、チームの成果とはC因子ほどの相関関係はない。ＩＱ値の相関関係は＋〇・一〇から＋〇・二〇の範囲、C因子の相関関係は＋〇・五〇と高かった。（＋一・〇〇が相関関係の最高値である）。

注目すべき結果がもう一つある。女性の占める割合と集団の成果の関係だ。この相関関係は単に一般的な多様性の問題ではなく、女性が多いと成果が上がるというものだ。他にも同じ結果を示す研究がある。[11] だが、ここでは注意が必要だ。なぜなら、女性は（この研究でも用いられた「まなざしから心を読むテスト」など）社会的感受性と社会的判断の試験で常に男性より高得点だからだ。

C因子という点で言うと、ナンシー＝アン・デパールとジェフリー・ジエンツはスーパースターだ。デパールは、部屋の大きさでも人物でも、瞬時に判定できる。人々の間の感情を推し量り、軽いおしゃべりの裏を読みとって、必要なものを引きずり出す。また、サンスティーンがホワイトハウスで働き始めて一ヵ月の頃、（女性の）友人が疑いの念と尊敬の念の両方を込めて、ジェフリー・ジエンツについて「これまでに私が出会った男性の中で一番心の知能指数が高い人」と言ってきた。ジエンツは当時政府で働き始めたばかりで、学ぶべきことが山ほどあったに違いない。それでもすでに、C因子のようなものは身につけていたのだ。

もちろん、この結論にあまり大騒ぎしてもいけない。現時点では、C因子と問題解決任務の高い相関関係の根底に何があるのか、特定するのはむずかしい。もっとも重要なことは、個々のメンバーが互いに協力、連携できるかの能力であるように見える。だが、このような相関関係では常に、真の因果関係を見出すことはむずかしい。

それでもこの研究結果から、（他の条件は同じとして）集団の活動に特に貢献できる人間はどんな人間かを探る方向性が見えてくる。そのような人間がいる可能性があることを真剣に考えるなら、個々の人間の行動を研究することで、C因子を量的に測定する一般的方法もできるかもしれない。そのような測定法があれば、さらに成果の上がる集団を作る際、この上なく貴重なものとなる。また、C因子で一部だけでも見えるようになった要因の性質について、さらなる研究が促進されるかもしれない。

賢い集団なら、人員を集め、行動規範を設定する際には、ここで述べられた組織に向けての助言に加えて、一緒に参加し、人の意見を聞けるという社会的能力にも真剣に注意を払うべきだ。チームワーク志向、特に社会関係のスキルに長けているかどうかは、いいヒントになる。また、他人の感情を読みとる能力も同様に大事だ。

対面かオンラインか

だが、C因子が本当にモノを言うのはどんなときだろうか。集団の中には、独立して作業をするメンバーが多いものもある。そうしたメンバーには心の知能指数が低い人間もいるかもしれず、普通に考えると、そうした人間はチームプレイヤーとは見てもらえない。多少自閉症気味なのかもしれないとはいえ、個々の作業では驚くべき才能を発揮し、集団はこうした人間のおかげで格段にいい成果を出せる。集団の多くに必ずこういうメンバーがおり、時にはリーダーにもなっている（スティーヴ・ジョブズは心の知能指数が高くて有名になったわけではない）。こうした人間はなぜ問題ではないのか。

集合体のタイプに関係なく（チーム、委員会、オンライン集団など）、チームのメンバーの役割を区別することが大切だ。作業のすべてあるいは一部を一人で行うというメンバーもいる。一方、些細な作業のレベルであっても、周りと調整しながら行わなくてはならないメンバーもいる。人の性格を考慮する際、この違いは重要なポイントとなる。

作業の多くは「クラウドソーシング」が可能だ。作業の統合や取捨選択が行われる最終段階に至るまでは、個々のメンバーは別々に自分の作業に専念してもいい。予測に関連する任務の多くが、これに該当する。予測（平均をとる）、トーナメント（それぞれが最良と考える解決策を提示し、誰もがどれが最良策がわかる）、選挙（有権者一人一人が情報を求め、多少は意見交換をするなどして、最後に個々に投票、あるいは結論を出す）などだ。また、独創的な集計方法（予測市場）によって、個々の解決策を集団の回答へと統合することもできる。

一方、集団での活動のほとんどは最初から最後まで調整だらけだ。典型的な例は、個々の情報を集約し、全体として機能するように絶えず調整し続けなくてはならないような任務にあたるチームで、常に対面で話ができる状態でなくてはならない（余談だが、昨近在宅勤務という方法に関心が集まっている。小さい子供がいる人にとっては、仕事の効率を上げるのにいい方法だ。調整が必要なければ、在宅勤務でうまく行くはずだ。ところが、対面での意見交換が必要な場合、実はそういう場合が多いのだが、在宅勤務は大きな問題になる。生産性全体で見ると、在宅勤務の効果はまだどちらとも言えない)。

橋や船、あるいは前菜など、モノを作り出すためのチームを例に考えてみよう。メンバーはしょっちゅう意見交換を行い、速やかにチームとして対応しなくてはならない。そうしなければ、モノが出来上がらないからだ。これほど目に見えるわけではない産物であっても、調整やリアルタイムの意見交換は必要である。法律事務所で裁判方針を決めるときには、様々な議論を繰り返すことが必要だし、タブレット端末やコンピュータの新製品を開発するときには、みんなと一緒に働いているほうがいいに決まっている。

電子ネットワークの誕生がもたらした利点は、対面でリアルタイムの調整が必要だと思われていたことの多くが、ネットワーク上で大した調整をする必要もなくできるようになったことだ。たとえば、ソフトウェアコーディングでは対面のチームワークが絶対必要と思われていたのが、オープンソースOSのリナックスのような画期的なソフトウェアが開発されて、それまでの常識がひっくり返った。

一九九二年以前、コンピュータプログラムの共同開発の基礎となる、分散型ソフトウェアシステムを作ろうと様々な試みが行われていた。民間のプログラムの多くは、大ざっぱなチーム調整が行われながらオンラインで設計されていた。しかし一九九一年、リーナス・トーヴァルズはこの方法を一段と飛躍させた。彼は何千人ものプログラマーたちに対して、彼のOSに新しいコードを追加していくよう呼びかけ、開発の初期段階に方向性を示すために行われていた調整を、後期段階での選択や編集のためのものへと変化させた。[12] ウィキペディアも共同制作の新しい方法の一つだ。用語の識別は広くオープンに、初期段階で行われ、調整統合は後から、選択、編集の段階で行われる。[13]

つまり、社会関係に長けているとか、チームで働くことに積極的とかいうことが、すべての集合体の成功の鍵にはならない。特に、対面、リアルタイムの対応が必要でない集団には重要ではない。独立独歩がプラスになることだってある。だが、集団作業の初期段階あるいは前段階を通じて調整が必要な場合は、C因子やその他人間関係のスキルは重要な要素となる。ボールは一つしかない。だが、それが問題になるかどうかは、集団に与えられた任務の性質にかかっている。

おわりに　未来は明るい

集団の失敗には明らかな理由がある。メンバーの間違いを正すどころか、それを増幅してしまう集団もある。個人の偏った行動が集団内で増殖し、多くの場合状況は悪化する。集団の個々のメンバーは間違いを犯すかもしれないとしても集団全体としてその間違いを正すことができる、と考えるのは大きな誤りなのである。

賢い集団やリーダーはこのリスクを常に念頭に、人々の意欲に変化を促そうとする。耳に心地よい話などしない。賢いリーダーは心配性だ。自らは意見を言わず、地位の低いメンバーも含めて集団のメンバーに語らせて、情報を引き出そうとする。メンバーが（公式、非公式に）ある役割を演じるように仕向けると、情報の取りこぼしを避けられる。連邦政府でよく用いられる「資産」という考え方は、集団が必要な情報を入手する可能性を高める。

賢いリーダーは、チームプレイヤーの意味についてこだわりがある。チームプレイヤーとは多数意見に迎合するのではなく、貴重な情報をさらに追加できる人だ。賢いリーダーは反対意見の表明を咎めるのではなく、奨励する雰囲気を作り出す。それは、反対者を擁護するためでなく、集団を守るためだ。議論を始める前に個人的な意見を聞いて記録をとるなどして、統計的な平均値と熟議を組み合わせる方法をとるのもいい。

将来有望な方法の中には、最新のテクノロジーに支えられているものもある。トーナメントは今すぐにでも開催でき、多くの参加者を巻き込むことができる。その中には、役に立ったり、突出するアイデアを持っている人もいるかもしれない。予測市場は、最適なインセンティヴを作り出すことで機能する。何らかの形でパブリックコメントを行うことで、政府でも企業でも、直接の接点のない、膨大な数の人々から情報を集めることができる。また、すでにある策の中から選ぶのではなく、新しい策を考え出すことが任務なら、そのための方法はたくさんある。新しいテクノロジーがあれば、可能性は空を越えて、宇宙に広がるほど無限大だ。

集団の失敗はその集団のメンバーだけでなく、その失敗の余波を被るすべての人々に悲惨な結果をもたらす。だが幸運なことに、何十年にも及ぶ実証研究と最新の技術開発によって、失敗を防止、矯正し、改善するための道具が揃ってきた。そのいくつかを実施するだけで、集団ははるかに賢くなることができる。

あとがき

本書は長くないわりには完成までに長い年月を要した。市民や陪審員による熟議について何度か共同研究を行った後の二〇〇七年、私たちは本書の執筆を決めた。しかし二〇〇九年、サンスティーンがオバマ政権に参加することになり、執筆は中断、二〇一二年になって再開した。内容からわかるように、サンスティーンの政府での経験や、そこでは何が成功し、何がまりうまく行かなかったかの感覚が本書に反映されている。

まず、名編集者のジェフ・キーホーに感謝したい。その辛抱強さ、また、重要な局面での見事な判断は素晴らしいの一言に尽きる。匿名の査読者三人からも、有益なコメントやインスピレーションをいただいた。サンスティーンは特に、ここで扱った問題について何度も議論に応じてくれた妻のサマンサ・パワーズに、ヘイスティはいつも最高のアイデアを考え出してくれたナンシー・ペニントンに感謝する。ダニエル・カンターは有能な研究助手だっただけでなく、的確なコメントも寄せてくれた。

著者の二人はこの問題について、すでに多くの研究を行ってきた。本書はそのいくつかを元にしているが、特に二人でまとめた“Garbage In, Garbage Out? Some Micro Sources of Macro Errors,” *Journal of Institutional Economics*（2014）と、サンスティーンの“Group Judgments,” *New York University Law Review* 80（2005）を参考にしている。サンスティーンのこの論文の大半は、著書 *Infotopia: How Many Minds Produce Knowledge*（New York: Oxford University Press, 2006）にも収録されている。*Journal of Institutional Economics* と *New York University Law Review* の編集関係者たちにも、それらに発表された論文の利用を許可してくれたことに感謝する。

さらに、次の二つの論文も参考にした。ダニエル・ジゴーンとリード・ヘイスティの“Proper Analysis of the Accuracy of Group Judgments,” *Psychological Bulletin* 121（1997）:149, 161-162 とリード・ヘイスティの“Review Essay: Experimental Evidence on Group Accuracy”, *Information Pooling and Group Decision Making*, ed. Bernard Grofman and Guillermo Owen（Greenwich, CT: JAI Press, 1986), 129-158 である。より技術的な側面に興味がある向きはこちらを参照されたい。

訳者あとがき

本書はCass R. Sunstein and Reid Hastie, *Wiser: Getting Beyond Groupthink to Make Groups Smarter* (Harvard Business Review Press, 2015) の全訳である。

原題にもある「集団思考《グループシンク》」は、集団が不合理な、時に誤った結論を出す場合があることを指摘した考え方で、「集団浅慮」と訳されることもあるという。「三人寄れば文殊の知恵」ではなく、「三人寄れば、船、山に登る」といったところだろうか。本書は、船を山に登らせてしまう集団の現実を見つめ、その原因とプロセスを分析する。その上で、船を山に登らせないようにするにはどうしたらいいかについて考える。要するに、毎日のように集団での意思決定に直面する現代人、特に管理職の立場にある人々に、どうすれば集団が浅はかではない、賢い決定にたどり着くことができるのか、そのヒントを示そうとする。

著者の一人、キャス・サンスティーンは訳書も多く、熟議による集団極化についてはこれまでも様々なところで論じている。「謝辞」でも述べているように、本書は二〇〇七年に企画されたが、サスティーンが二〇〇九年から一二年まで、オバマ政権下で行政管理予算局の情報・規制問題室室長（ＯＩＲＡ）を務め、さらに、二〇一三年から一四年までは大統領直轄の情報・コミュニケーション技術検討グループに加わったため、完成までに長い時間を要したという。他にも、官民を問わず多くの組織で行動科学の実践に携わってきた。二〇一五年には、ハーヴァード大学ロースクールで行動経済学・公共政策プログラムを設立して、その運営責任者となっている。

リード・ヘイスティは、集団の意思決定に関する心理学を中心に研究している。特に裁判審理の研究が有名である。代表的な共著に *Rational Choice in an Uncertain World* がある。現在はシカゴ大学ブース・ビジネススクールで、行動科学教授の任にある。

このように著者二人は研究者であるが、本書は特に専門家だけを対象にした研究書にはなっていない。本文でも、時に「管理職」に向けて呼びかけているように、官民どちらでも、集団内で結論をまとめなければならない立場にある人々に対して、役に立つ助言を与える形になっている。そのためか、原文自体あまり堅苦しいものではなく、映画からＮＢＡまで、行動科学を知らない一般読者でも知っている分野のエピソードで溢れている。訳に当たっても、そのような雰囲気を伝えることに配慮したつもりである。また、邦訳文献があるものについては適宜参照したが、訳文をそのまま使うことはしなかった。

最後に、時に山に登ってしまいそうな訳者をフォローして、的確な舵取りをしてくれたＮＴＴ出版の山田兼太郎氏に心から感謝したい。

キャス・サンスティーン　Cass R. Sunstein
法学者、ハーヴァード大学ロースクール教授。専門は憲法、行政法、環境法。オバマ政権第1期では、行政管理予算局の情報規制室室長を務めた。邦訳に『インターネットは民主主義の敵か』(毎日新聞社)、『実践 行動経済学』(共著、日経BP社)、『熟議が壊れるとき』(勁草書房)、『最悪のシナリオ』(みすず書房) など。

リード・ヘイスティ　Reid Hastie
心理学者、シカゴ大学ブース・ビジネススクール教授。専門は、行動心理学、集団における意思決定論。著書に*Rational Choice in an Uncertain World*など。

田総恵子　Keiko Tabusa
翻訳家。十文字学園女子大学教授。主な訳書に『フリードリヒ・ハイエク』(春秋社、2012)、『自由と市場の経済学』(春秋社、2013) など。

賢い組織は「みんな」で決める
――リーダーのための行動科学入門

2016年9月15日　初版第1刷発行
2017年2月7日　初版第2刷発行

著　者　キャス・サンスティーン、リード・ヘイスティ
訳　者　田総恵子

発行者　長谷部敏治
発行所　NTT出版株式会社
〒141-8654　東京都品川区上大崎3-1-1　JR東急目黒ビル
営業担当　TEL 03(5434)1010　FAX 03(5434)1008
編集担当　TEL 03(5434)1001
http://www.nttpub.co.jp

ブックデザイン　小口翔平＋上坊菜々子 (tobufune)
印刷・製本　中央精版印刷株式会社

ISBN 978-4-7571-2355-7 C0034

索　引

ヘ

ホ

マ

ミ

ム

メ

モ

ヨ

ラ

リ

ル

レ

ロ

ワ

アルファベット

注

はじめに

(1) Daniel Kahneman, *Thinking, Fast and Slow* (New York: Farrar, Straus and Giroux, 2011).(村井章子訳『ファスト＆スロー——あなたの意思はどのように決まるか？』〈上・下〉早川書房，2012年)
(2) Aristotle, *Politics*, trans. E. Barker (Cambridge: Belknap Press, 1971), 123.(山本光雄訳『政治学』岩波書店，1961年)
(3) John Rawls, *A Theory of Justice* (Cambridge: Belknap Press, 1971) 358-359.(川本隆史他訳『正義論』紀伊國屋書店，2010年)
(4) Irving L. Janis, *Groupthink*, 2nd ed. (Boston:Houghton Mifflin, 1982) 7-9.
(5) 概略は以下を参照．Marlene E. Turner, Anthony R. Pratkanis, and Christina K. Struckman, "Groupthink As Social Identity Maintenance," in *The Science of Social Influence: Advances and Future Progress*, ed. Anthony Pratkanis (New York: Psychology Press, 2007), 223-246.
(6) 前掲.
(7) Kahneman, *Thinking, Fast and Slow*(前掲『ファスト＆スロー』) Dan Ariely, *Predictably Irrational: The Hidden Forces That Shape Our Decisions* (New York: Harper, 2008)(熊谷淳子訳『予想どおりに不合理——行動経済学が明かす「あなたがそれを選ぶわけ」』早川書房，2008年); Sendhil Mullainathan and Eldar Shafir, *Scarcity: Why Having Too Little Means So Much* (New York: Times Books, Henry Holt and Company, 2013)(大田直子訳『いつも「時間がない」あなたに——欠乏の行動経済学』早川書房，2015年)；Richard H. Thaler and Cass R. Sunstein, *Nudge: Improving Decisions About Health, Wealth, and Happiness* (New York: Penguin, 2009)(遠藤真美訳『実践 行動経済学——健康，富，幸福への聡明な選択』日経BP社，2009年)

Chapter 1

(1) Chip Heath and Richard Gonzalez, "Interaction with Others Increases Decision Confidence but Not Decision Quality: Evidence Against Information Collection Views of Interactive Decision Making," *Organizational Behavior and Human Decision Processes* 61 (1995): 305-326.
(2) Robert S. Baron et al., "Social Corroboration and Opinion Extremity," *Journal of Experimental Social Psychology* 32 (1996): 537-560 を参照.
(3) Huaye Li and Yasuaki Sakamoto, "The Influence of Collective Opinion on True-False Judgement and Information-Sharing Decision," unpublished manuscript, February 1, 2013, http://ssrn.com/abstract=2210742.
(4) 前掲.
(5) Robert L. Thorndike, "The Effect of Discussion upon the Correctness of Group

Decisions: When the Factor of Majority Influence Is Allowed For," *Journal of Social Psychology* 9 (1938): 343-362.

(6) Daniel Gigone and Reid Hastie, "Proper Analysis of the Accuracy of Group Judgments," *Psychological Bulletin* 121 (1997): 149, 161; Reid Hastie, "Review Essay: Experimental Evidence on Group Accuracy," in *Information Pooling and Group Decision Making*, ed. Bernard Grofman and Guillermo Owen (Greenwich, CT: JAI Press, 1986), 129-158.

(7) Robert J. MacCoun, "Comparing Micro and Macro Rationality," in *Judgments, Decisions, and Public Policy*, ed. Rajeev Gowda and Jeffrey Fox (Cambridge: Cambridge University Press, 2002), 116,121.

(8) J. Scott Armstrong, "Combining Forecasts," in *Principles of Forecasting: A Handbook for Researchers and Practitioners*, ed. J. Scott Armstrong (New York: Springer, 2001), 433.

(9) James Surowiecki, *The Wisdom of Crowds: Why the Many Are Smarter than the Few and How Collective Wisdom Shapes Business, Economies, Societies, and Nations* (New York: Doubleday, 2004).（小高尚子訳『「みんなの意見」は案外正しい』角川書店，2006 年）

(10) Irving Lorge et al., "A Survey of Studies Contrasting the Quality of Group Performance and Individual Performance, 1920-1957," *Psychological Bulletin* 55 (1958): 344.

(11) Surowiecki, *The Wisdom of Crowds*, 5（前掲『「みんなの意見」は案外正しい』，瓶の実験部分）.

(12) 前掲，xi-xiii.

(13) これを実証する成果の一部は以下に見られる．Armstrong, "Combining Forecasts," 417, 419-420, 427, 433-435.

(14) 前掲，16.

(15) Theodore C. Sorensen, *Kennedy* (New York: Harper & Row, 1965), 306.（大前正臣訳『ケネディの道――未来を拓いた大統領』サイマル出版会，1987 年）

(16) Arthur M. Schlesinger Jr., *A Thousand Days: John F. Kennedy in the White House* (New York: Houghton Mifflin, 1965), 258-259.（中屋健一訳『ケネディ――栄光と苦悩の一千日』〈上・下〉，河出書房新社，1966 年）

(17) 前掲，255.

(18) 概略は以下を参照．Solomon E. Asch, "Opinions and Social Pressure," in *Readings About the Social Animal*, 11th ed., ed. Joshua Aronson and Elliott Aronson (New York: Worh, 2011), 17-26.

(19) Reid Hastie, Steven Penrod, and Nancy Pennington, *Inside the Jury* (Cambridge, MA: Harvard University Press, 1983).

(20) Caryn Christensen and Ann S. Abbott, "Team Medical Decision Making," in *Decision Making in Health Care*, ed. Gretchen B. Chapman and Frank A. Sonnenberg (New York: Cambridge University Press, 2000), 267, 273-276.

Chapter 2

(1) 概略は以下を参照．Thomas Gilovich, Dale Griffin, and Daniel Kahneman, *Heuristics and Biases: The Psychology of Intuitive Judgment* (New York: Cambridge University Press, 2002).

(2) Amos Tversky and Daniel Kahneman, "Availability: A Heuristic for Judging Frequency and Probability," *Cognitive Psychology* 5 (1973): 208.

(3) Paul Slovic, *The Perception of Risk* (London: Earthscan Publications, 2000), 37-48.

(4) 前掲，40.

(5) Amos Tversky and Daniel Kahneman, "Judgment Under Uncertainty: Heuristics and Biases," in *Judgment Under Uncertainty: Heuristics and Biases*, ed. Daniel Kahneman, Paul Slovic, and Amos Tversky (Cambridge: Cambridge University Press, 1982), 3.

(6) Daniel Kahneman and Shane Frederick, "Representativeness Revisited: Attribute Substitution in Intuitive judgment," in *Heuristics and Biases: The Psychology of Intuitive Judgment*, ed. Thomas Gilovich, Dale W. Griffin, and Daniel Kahneman (Cambridge: Cambridge University Press, 2002), 49.

(7) Paul Rozin and Carol Nemeroff, "Sympathetic Magical Thinking: The Contagion and Similarity 'Heuristics,'" in *Heuristics and Biases*, Gilovich, Griffin, and Kahneman, eds., 201.

(8) Malcolm Gladwell, *Blink: The Power of Thinking Without Thinking* (New York: Little, Brown, and Co., 2005).（沢田博，阿部尚美訳『第１感「最初の２秒」の「なんとなく」が正しい』光文社，2006 年）

(9) Alexander Todorov, Anesu N. Mandisodza, Amir Goren, and Crystal C. Hall, "Inferences of Competence from Faces Predict Election Results," *Science Magazine* 308 (2005): 1623-1626.

(10) 様々な偏見については以下にうまくまとめられている．*Cognitive Illusions*, Rüdinger F. Pohl, ed.,(New York: Psychology Press, 2012).

(11) Don Moore, Elizabeth Tenney, and Uriel Haran, "Overprecision in Judgment," in *Blackwell Handbook of Judgment and Decision Making*, ed. Gideon Keren and George Wu (Oxford: Blackwell, forthcoming).

(12) Roger Buehler, Dale Griffin, and Johanna Peetz, "The Planning Fallacy: Cognitive, Motivational, and Social Origins," *Advances in Experimental Social Psychology* 43 (2010):1.

(13) Scott A. Hawkins and Reid Hastie, "Hindsight: Biased Judgments of Past Events After the Outcomes Are Known," *Psychological Bulletin* 107 (1990): 311-327.

(14) Hal R. Arkes and Catherine Blumer, "The Psychology of Sunk Cost," *Organizational Behavior and Human Decision Processes* 35 (1985): 124-140.

(15) Garold Stasser and Beth Dietz-Uhler, "Collective Choice, Judgment, and Problem Solving," in *Blackwell Handbook of Group Psychology: Group Processes*, ed.

Michael A. Hogg and R. Scott Tindale (Oxford: Blackwell, 2001), 48.
(16) 前掲.
(17) Janet A. Sniezek and Rebecca A. Henry, "Accuracy and Confidence in Group Judgment," *Organizational Behavior and Human Decision Processes* 43 (1989): 1-28. この発見は，戦争に関わる状況などで過度にリスクを冒す傾向を理解する上で重要である．以下を参照．Dominic Johnson, *Overconfidence and War: The Havoc and Glory of Positive Illusions* (Cambridge, MA: Harvard University Press, 2004), 180-183.
(18) 以下を参照．Norbert L. Kerr, Robert J. MacCoun, and Geoffrey P. Kramer, "Bias in Judgment: Comparing Individuals and Groups," *Psychology Review* 103 (1996): 687, 689, 691-693.
(19) Edward L. Schumann and W. C. Thompson, "Effects of Attorney's Arguments on Jurors' Use of Statistical Evidence," unpublished manuscript, 1989.
(20) Glen Whyte, "Escalating Commitment in Individual and Group Decision Making: A Prospect Theory Approach," *Organizational Behavior and Human Decision Processes* 54 (1993): 430.
(21) 前掲，430-455.
(22) Robert J. MacCoun, "Comparing Micro and Macro Rationality," in *Judgments, Decisions, and Public Policy*, ed. Rajeev Gowda and Jeffrey Fox (Cambridge: Cambridge University Press, 2002), 116, 121.
(23) Mark F. Stasson et.al., "Group Consensus Processes on Cognitive Bias Tasks: A Social Decision Scheme Approach," *Japanese Psychological Research* 30 (1988): 68-77.
(24) 以下を参照．Dagmar Stahlberg et.al., "We Knew It All Along: Hindsight Bias in Groups," *Organizational Behavior and Human Decision Processes* 63 (1995): 46-58.

Chapter 3

(1) A. N. Meltzoff and K. Moore, "Imitation of Facial and Manual Gestures by Human Neonates," *Science* 198 (1977): 75-78.　さらに以下も参照．G. Rizzolatti and L. Craighero, "The Mirror-Neuron System," *Annual Review of Neuroscience* 27 (2004): 169-192.
(2) Elaine Hatfield, John T. Caccioppo, and R. L. Rapson, *Emotional Contagion* (New York: Cambridge University Press, 1994); Nicholas A. Christakis and J. H. Fowler, "The Spread of Obesity in a Large Social Network over 32 Years," *New England Journal of Medicine* 357 (2007): 370-379; J. H. Fowler and Nicholas Christakis, "Dynamic Spread of Happiness in a Large Social Network: Longitudinal Analysis over 20 Years in the Framingham Heart Study," *British Medical Journal* 337 (2008):1-9.
(3) Matthew J. Salganik, Peter Sheridan Dodds, and Duncan J. Watts, "Experimental

Study of Inequality and Unpredictability in an Artificial Cultural Market," *Science* 311 (2006): 854-856; Matthew Salganik and Duncan Watts, "Leading the Herd Astray: An Experimental Study of Self-fulfilling Prophecies in an Artificial Cultural Market," *Social Psychology Quarterly* 71 (2008): 338-355; Matthew Salganik and Duncan Watts, "Web-Based Experiments for the Study of Collective Social Dynamics in Cultural Markets," *Topics in Cognitive Science* 1 (2009): 439-468.

(4) Salganik and Watts, "Leading the Herd Astray."

(5) Jan Lorenz et al., "How Social Influences Can Undermine the Wisdom of Crowd Effect," *Proceedings of National Academy of Sciences* 108 (2011): 9020-9025.

(6) この結論はデータの解析に用いられた統計に基づくもので，まだ「確定的」とは言えない．だが全般的に言って，集団は個人より正しいことが多い．ただし，常に統計的に意味のあるレベルにはなっていない．2013年8月14日にウォートン・スクールで行われた，バーバラ・メラーズの著者へのインタビュー．

(7) これについての文献は数多くある．まとめとして最適なものは以下の通り．David Hirschleifer, "The Blind Leading the Blind," in *The New Economics of Human Behavior*, ed. Marianno Tommasi and Kathryn Ierulli (Cambridge: Cambridge University Press, 1995), 188.

(8) この例は以下から取っている．Hirschleifer, "The Blind Leading the Blind," 188, 193-194.

(9) 理論的議論については以下を参照．Erik Eyster and Matthew Rabin, "Naïve Herding in Rich-Information Settings," *American Economic Journal: Microeconomics* 2 (2010): 221-243.

(10) Judith M. Punchoar and Paul W. Fox, "Confidence in Individual and Group Decision Making: When 'Two Heads' Are Worse Than One," *Journal of Educational Psychology* 96 (2004): 582-591.

(11) Cameron Anderson and Gavin J. Kilduff, "Why Do Dominant Personalities Attain Influence in Face-to-Face Groups? The Competence-Signaling Effects of Trait Dominance," *Journal of Personality and Social Psychology* 96 (2009): 491-503; Sunita Sah, Don A. Moore, and Robert J. MacCoun, "Cheap Talk and Credibility: The Consequences of Confidence and Accuracy on Advisor Credibility and Persuasiveness," *Organizational Behavior and Human Decision Processes* 121 (2013): 246-255.

(12) 前掲．Cass R. Sunstein, *Why Societies Need Dissent* (Cambridge, MA: Harvard University Press, 2003).

(13) Lisa R. Anderson and Charles A. Holt, "Information Cascades in the Laboratory," *American Economic Review* 87 (1997): 847-862.

(14) Angela A. Hung and Charles R. Plott, "Information Cascades: Replication and an Extension to Majority Rule and Conformity-Rewarding Institutions," *American Economic Review* 91 (2001): 1508, 1515.

(15) Anderson and Holt, "Information Cascades in the Laboratory" では，72パーセントの人がベイズの定理に従った．一方，Marc Willinger and Anthony Ziegelmeyer, "Are

More Informed Agents Able to Shatter Information Cascades in the Lab?" in *The Economics of Networks: Interaction and Behaviours*, ed. Patrick Cohendet et al. (New York: Springer, 1998), 291,304 ではその数は 64 パーセントだった.
(16) Willinger and Ziegelmeyer, "Are More Informed Agents," 291.
(17) Anderson and Holt, "Information Cascades in the Laboratory," 847.
(18) Jacob K. Goeree, Thomas R. Palfrey, Brian W. Rogers, and Richard D. McKelvey, "Self-Correcting Information Cascades," *Review of Economic Studies* 74 (2007): 733-762. この論文では, 集団で 20 人以上に及んでカスケードが続くと, 間違いを正す方向に向かうという結果が出ている.
(19) Hung and Plott, "Information Cascades," 1515-1517.
(20) 前掲, 1516.
(21) Timur Kuran and Cass R. Sunstein, "Availability Cascades and Risk Regulation," *Stanford Law Review* 51 (1988): 683-768.
(22) Robert E. Kennedy, "Strategy Fads and Competitive Convergence: An Empirical Test for Herd Behavior in Prime-Time Television Programming," *Journal of Industrial Economics* 50 (2002): 57-84

Chapter 4

(1) Roger Brown, *Social Psychology: The Second Edition* (New York: Free Press, 1986), 206-207.
(2) 前掲, 204.
(3) 前掲, 224.
(4) 詳しくは前掲書を参照.
(5) Serge Moscovici and Marisa Zavalloni, "The Group as a Polarizer of Attitudes," *Journal of Personality and Social Psychology* 12 (1969): 125-135.
(6) 前掲.
(7) 前掲.
(8) Cass R. Sunstein et. al., *Are Judges Political? An Empirical Investigation of the Federal Judiciary* (Washington DC: Brookings Institution Press, 2006).
(9) David Schkade, Cass R. Sunstein, and Daniel Kahneman, "Deliberating About Dollars: The Severity Shift," *Columbia Law Review* 100 (2000): 1139.
(10) Brown, *Social Psychology*, 200-245. これらのポイントを体系化しようと試みたものとしては以下を参照. Edward L. Glaeser and Cass R. Sunstein, "Extremism and Social Learning," *Journal of Legal Analysis* 1 (2009): 263-324.
(11) Brown, *Social Psychology*. 多数派の影響が強いのは, 人々が多数者の怒りを買うことを恐れたり, 気を悪くさせたりしたくないと思うからだ. 少数派が影響を及ぼすのは, 彼らが真に態度の変化を起こせるときである. 以下を参照. Robert S. Baron et al., "Social Corroboration and Opinion Extremity," *Journal of Experimental Social Psychology* 32 (1996): 82.
(12) Baron et al., "Social Corroboration," 557-559 は確証によって, 自信が深まり, 極論が

醸成されるとする.

(13) 前掲, 541, 546-547, 557では, 自分の意見が（他者によって）補強されることが極化に影響するという結論が述べられている.

(14) Brown, *Social Psychology*, 209-211; John C. Turner, Margaret S. Wetherell, and Michael A. Hogg, "Referent Informational Influence and Group Polarization," *British Journal of Social Psychology* 28 (1989): 135-147; Joel Cooper, Kimberly A. Kelly, and Kimberlee Weaver, "Attitudes, Norms, and Social Groups," in *Social Cognition*, ed. Marilynn Brewer and Miles Hewstone (Oxford: Blackwell, 2004), 259, 269-270.

(15) Brown, *Social Psychology*, 210.

(16) Alex Pentland, *Social Physics: How Good Ideas Spread – The Lessons from a New Science* (New York: Penguin, 2014)（小林啓倫訳『ソーシャル物理学――「良いアイデアはいかに広がるか」の新しい科学』草思社, 2015年）

(17) Brown, *Social Psychology*, 211; Cooper, Kelly, and Weaver, "Attitudes, Norms and Social Groups," 269.

(18) Brendan Nyhan, Jason Reifler, and Peter Ubel, "The Hazards of Correcting Myths About Health Care Reform," *Medical Care* 51 (2013): 127-132.

(19) Brooke Harrington, *Pop Finance: Investment Clubs and the New Investor Populism* (Princeton, NJ: Princeton University Press, 2008).

Chapter 5

(1) Garold Stasser and William Titus, "Hidden Profiles: A Brief History," *Psychological Inquiry* 14 (2003): 304-313.

(2) Daniel Gigone and Reid Hastie, "The Common Knowledge Effect: Information Sharing and Group Judgment," *Journal of Personality and Social Psychology* 65 (1993): 959-974.

(3) Ross Hightower and Lutfus Sayeed, "The Impact of Computer-Mediated Communication Systems on Biased Group Discussion," *Computers in Human Behavior* 11 (1995): 33-44.

(4) Patricia Wallace, *The Psychology of the Internet* (Cambridge: Cambridge University Press, 1999), 82.（川浦康至, 貝塚泉訳『インターネットの心理学』NTT出版, 2001年）

(5) Garold Stasser and William Titus, "Pooling of Unshared Information in Group Decision Making: Biased Information Sampling During Discussion," *Journal of Personality and Social Psychology* 48 (1985): 1467-1478.

(6) 前掲, 1473. さらに, Stasser and Titus, "Hidden Profiles," 304も参照.

(7) Stasser and Titus, "Pooling of Unshared Information," 1473.

(8) 前掲, 1476.

(9) 前掲.

(10) 前掲.

(11) Stasser and Titus, "Hidden Profiles," 305.
(12) Daniel Gigone and Reid Hastie, "The Common Knowledge Effect."
(13) 前掲, 960.
(14) 前掲, 973.
(15) 前掲.
(16) Susanne Abel, Garold Stasser, and Sandra I. Vaughan-Parsons, "Information Sharing and Cognitive Centrality," paper ERS-2005-037 (Rotterdam: Erasmus Research Institute of Management, May 2005).
(17) Tatsuya Kameda, Yohsuke Ohtsubo, and Masanori Takezawa, "Centrality in Sociocognitive Networks and Social Influence: An Illustration in a Group Decision-Making Context," *Journal of Personality and Social Psychology* 73 (1997): 296-309.
(18) Garold Stasser, Laurie A. Taylor, and Coleen Hanna, "Information Sampling in Structured and Unstructured Discussions of Three- and Six-Person Groups," *Journal of Personality and Social Psychology* 57 (1989): 67, 72-73.
(19) 前掲, 78.
(20) 前掲. ただし, 地位の高いメンバーも「自己検閲」を行う. (Melissa C. Thomas-Hunt, Tonya Y. Ogden, and Margaret A. Neale, "Who's Really Sharing? Effects of Social Expert Status on Knowledge Exchange Within Groups," *Management Science* 49 [2003]: 464-477).
(21) Cecilia L. Ridgeway, "Social Status and Group Structure," in *Blackwell Handbook of Group Psychology: Group Processes*, ed. Michael A. Hogg and R. Scott Tindale (Oxford: Blackwell, 2001), 352, 354 (collecting studies).
(22) Gwen M. Wittenbaum, Anne P. Hubbell, and Cynthia Zuckerman, "Mutual Enhancement: Toward an Understanding of the Collective Preference for Shared Information," *Journal of Personality and Social Psychology* 77 (1999): 967, 967-978.
(23) Stasser and Titus, "Hidden Profiles," 311.

Chapter 6

(1) Carsten K. W. De Dreu, "Minority Dissent, Attitude Change, and Group Performance," in *The Science of Social Influence: Advances and Future Progress*, ed. Anthony R. Pratkanis (New York: Psychology Press, 2007), 247-270.
(2) 前掲.
(3) Caryn Christensen and Ann S. Abbott, "Team Medical Decision Making," in *Decision Making in Health Care*, ed. Gretchen B. Chapman and Frank A. Sonnenberg (New York: Cambridge University Press, 2000), 272-276.
(4) 前掲. さらに, Sheryl Sandberg, *Lean In: Women, Work, and the Will to Lead* (New York: Knopf, 2013). (村井章子訳『LEAN IN (リーン・イン) ――女性, 仕事, リーダーへの意欲』日本経済新聞出版社, 2013年) も参考になる.

(5) Cecilia L. Ridgeway, "Social Status and Group Structure," in *Blackwell Handbook of Group Psychology: Group Processes*, ed. Michael A. Hogg and R. Scott Tindale (Oxford: Blackwell, 2001), 354.

(6) Harry Kalven and Hans Zeisel, *The American Jury* (Boston: Little Brown, 1966).

(7) Garold Stasser and William Titus, "Hidden Profiles: A Brief History," *Psychological Inquiry* 14 (2003): 308.

(8) 前掲.

(9) Varda Liberman, Steven M. Samuels, and Lee Ross, "The Name of the Game: Predictive Power of Reputations Versus Situational Labels in Determining Prisoner's Dilemma Game Moves," *Personality and Social Psychology Bulletin*, 30 (2004): 1175-1185.

(10) Stasser and Titus, "Hidden Profiles," 309.

(11) Jeffrey A. Sonnenfeld, "What Makes Great Boards Great," *Harvard Business Review*, September 2002, http://hbr.org/2002/09/what-makes-great-boards-great/.

(12) Brooke Harrington, *Pop Finance: Investment Clubs and the New Investor Populism* (Princeton, NJ: Princeton University Press, 2008).

(13) Angela A. Hung and Charles R. Plott, "Information Cascades: Replication and an Extension to Majority Rule and Conformity-Rewarding Institutions," *American Economic Review* 91 (2001): 1515.

(14) Garold Stasser, "The Uncertain Role of Unshared Information in Collective Choice," in *Shared Cognition in Organization: The Management of Knowledge*, ed. Leigh L. Thompson, John M. Levine, and David M. Messick (Mahwah, NJ: Erlbaum, 1999), 49,56-57.

(15) Stasser and Titus, "Hidden Profiles," 308.（「独自の情報を持つ人間に専門家というレッテルが貼られると，集団はその情報にさらに注目するように思われる」ことを示した事例を挙げている）. Garold Stasser, Dennis D. Stewart, and Gwen M. Wittenbaum, "Expert Roles and Information Exchange During Discussion: The Importance of Knowing Who Knows What," *Journal of Experimental Social Psychology* 31 (1995): 244, 248-249, 256.（専門家の役を演じさせることで，共有されていなかったデータについての議論が盛んになったとする）

(16) Stasser, Stewart, and Wittenbaum, "Expert Roles," 248-249.

(17) この話は以下で語られている．Marlene E. Turner et al., "Groupthink As Social Identity Maintenance," in *The Science of Social Influence: Advances and Future Progress,* ed. Anthony R. Pratkanis (New York: Psychology Press, 2007), 223.

(18) Andrew S. Grove, *Only the Paranoid Survive: How to Exploit the Crisis Points That Challenge Every Company* (New York: Doubleday, 1996), 89.（佐々木かをり訳『インテル戦略転換』七賢出版，1997年）

(19) Irving L. Janis, *Groupthink*, 2nd ed. (Boston: Houghton Mifflin, 1982), 268.

(20) Gary Katzenstein, "The Debate on Structured Debate: Toward a Unified Theory," *Organizational Behavior and Human Decision Processes* 66 (1996): 316-318.

(21) Alexander L. George and Eric K. Stern, "Harnessing Conflict in Foreign Policy

Making: From Devil's to Multiple Advocacy," *Presidential Studies Quarterly* 32 (2002): 484, 486.

(22) 前掲.

(23) 前掲. Stefan Schulz-Hardt, Marc Jochims, and Dieter Frey, "Productive Conflict in Group Decision Making: Genuine and Contrived Dissent As Strategies to Counteract Biased Information Seeking," *Organizational Behavior and Human Decision Processes* 88 (2002): 563-586.

(24) Stefan Schulz-Hardt et al., "Group Decision Making in Hidden Profile Situations: Dissent As a Facilitator for Decision Quality," *Journal of Personality and Social Psychology* 91 (2006): 1080-1093.

(25) Brendan Mulvaney, "Red Teams: Strengthening Through Challenge," *Marine Corps Gazette*, July 2012, 63-66; Defense Science Board Task Force, *The Role and Status of DoD Red Teaming Activities* (Washington DC: 2003), 1-48, www.fas.org/irp/agency/dod/dsb/redteam.pdf.

(26) Gene Rowe and George Wright, "The Delphi Technique As a Forecasting Tool: Issues and Analysis," *International Journal of Forecasting* 15 (1999): 353-375.

(27) Martin Hilbert, Ian Miles, and Julia Othmer, "Foresight Tools for Participative Policy-Making in Inter-Governmental Processes in Developing Countries: Lessons Learned from the eLAC Policy Priorities Delphi," *Technological Forecasting and Social Change* 76 (2009): 880-896.

(28) Gene Row and George Wright, "Expert Opinions in Forecasting: The Role of the Delphi Technique," in *Principles of Forecasting: A Handbook for Researchers and Practitioners,* ed. J. Scott Armstrong (New York: Springer, 2001), 126.

(29) 前掲.

(30) 前掲, 130. Reid Hastie, "Review Essay: Experimental Evidence on Group Accuracy," in *Information Pooling and Group Decision Making*, ed. Bernard Grofman and Guillermo Owen (Greenwich, CT: JAI Press, 1986), 139.

(31) Hastie, "Experimental Evidence on Group Accuracy," 139-145.

(32) 前掲, 129.

(33) 前掲, 129-130.

(34) David H. Gustafson et al., "A Comparative Study of Differences in Subjective Likelihood Estimates Made by Individuals, Interacting Groups, Delphi Groups, and Nominal Groups," *Organizational Behavior and Human Performance* 9 (1973): 280-291.

Chapter 7

(1) Donald T. Campbell, "Evolutionary Epistemology," in *The Philosophy of Karl R. Popper,* ed. P. A. Schilpp (LaSalle, IL: Open Court, 1974), 412-463.

(2) Leslie Valiant, *Probably Approximately Correct: Nature's Algorithms for Learning and Prospering in a Complex World* (New York: Basic Books, 2013).

(3) Tom Kelley and Jonathan Littman, *The Art of Innovation: Lessons in Creativity from IDEO, America's Leading Design Firm* (New York: Doubleday, 2001). (鈴木主税，秀岡尚子訳『発想する会社！——世界最高のデザイン・ファームに学ぶイノベーションの技法』早川書房，2002年)
(4) Barry Nalebuff and Ian Ayres, *Why Not? How to Use Everyday Ingenuity to Solve Problems Big and Small* (Cambridge, MA: Harvard Business Review Press, 2006) (嶋津祐一，東田啓作訳『エール大学式4つの思考道具箱——こんな発想しても，いいんじゃないの？』阪急コミュニケーションズ，2004年)
(5) たとえば以下を参照．Lani Guinier, *The Tyranny of the Majority: Fundamental Fairness in Representative Democracy* (New York: Free Press, 1994); Anthony J. McGann, "The Tyranny of the Supermajority: How Majority Rule Protects Minorities," *Journal of Theoretical Politics* 16 (2004): 53-77.
(6) Doug Hall and David Wecker, *Jump Start Your Brain*, 2nd ed. (Cincinnati: Clerisy Press, 2007).
(7) Daniel Kahneman and Don Lovallo, "Timid Choices and Bold Forecasts: A Cognitive Perspective on Risk-Taking," *Management Science* 39 (1993): 17-31.

Chapter 8

(1) これを示す証拠は以下に見られる．J. Scott Armstrong, "Combining Forecasts," in *Principles of Forecasting: A Handbook for Researchers and Practitioners,* ed. J. Scott Armstrong (New York: Springer, 2001), 417, 419-420, 427, 433-435.
(2) 以下を参照．William P. Bottom, Krishna Ladha, and Gary J. Miller, "Propagation of Individual Bias Through Group Judgment: Error in the Treatment of Asymmetrically Informative Signals," *Journal of Risk and Uncertainty* 25 (2002): 152-154.
(3) Francis Galton, "Vox Populi," *Nature* 75 (1907):450-451.
(4) Richard P. Larrick and Jack B. Soll, "Intuitions About Combining Opinions: Misappreciation of the Averaging Principle," *Management Science* 52 (2006): 111-127.
(5) 様々な評価の意義についての数学的，実証的分析一般については，以下も参照．Clintin P. Davis-Stober, David V. Budescu, Jason Dana, and Stephen B. Broomell, "When Is a Crowd Wise?" *Decision* 2 (2014): 79-101.
(6) 「多様性に必ず伴う恩恵」についての数学的議論のもう一方については，以下を参照．Scott E. Page, *Diversity and Complexity* (Princeton, NJ: Princeton University Press, 2011)
(7) Bottom, Ladha, and Miller, "Propagation of Individual Bias," 153.
(8) 前掲．さらに以下も参照．David M. Estlund, *Democratic Authority: A Philosophical Framework* (Princeton, NJ: Princeton University Press, 2008), 225.「数字の結果には疑いの余地はない．しかし，これは一定の条件のもとでしか当てはまらない．条件の一つは，投票が統計的に充分な規模で，独立したものでなくてはならないこと．この点はよく誤解される．極端に悲観的な見方をすると，相互の影響は常にあるから，このよ

うな条件を満たすことはできないことになる．他の影響を受けない人間はまずいない．しかしこの原則で求められているのは，因果関係での独立性ではなく，統計的独立性である」．

(9) 技術的に複雑な点については以下を参照．Christian List and Robert E. Goodin, "Epistemic Democracy: Generalizing the Condorcet Jury Theorem," *Journal of Political Philosophy* 9 (2001): 277, 283-288, 295-297.

(10) Keith Michael Baker, ed. and trans, *Condorcet: Selected Writings* (Indianapolis: Bobbs-Merrill, 1976), 62. この点は，Estlund, *Democratic Authority* でも力説されている．

(11) Tali Sharot, *The Optimism Bias: A Tour of the Irrationally Positive Brain* (New York: Pantheon Books, 2011).

(12) 食べ物の選択についての面白い要約については以下を参照．Joseph Henrich et al., "Group Report: What Is the Role of Culture in *Bounded Rationality?" in Bounded Rationality: The Adaptive Toolbox*, ed. Gerd Gigerenzer and Reinhard Selten (Cambridge, MA: MIT Press, 2001), 353-354.

(13) Baker, *Condorcet*, 56-57.

(14) 前掲，49.

(15) 前掲，61.

Chapter 9

(1) Rebecca Greenfield, "The Best and Worst Pundit Predictors of 2012," *The Wire* (blog), November 8, 2012, www.theatlanticwire.com/politics/2012/11/best-and-worst-pundit-predictors-2012/58846/.

(2) Philip E. Tetlock, *Expert Political Judgment: How Good Is It? How Can We Know?* (Princeton, NJ: Princeton University Press, 2006).

(3) 例としては以下がある．James Shanteau, "Competence in Experts: The Role of Task Characteristics," *Organizational Behavior and Human Decision Processes* 53 (1992): 252-266.

(4) Nate Silver, *The Signal and the Noise: Why So Many Predictions Fail – But Some Don't* (New York: Penguin, 2012). （川添節子訳『シグナル＆ノイズ——天才データアナリストの「予測学」』日経 BP 社 , 2013 年）

(5) Greg Sargent, "What Nate Silver Really Accomplished," *The Plum Line* (blog), *Washington Post*, November 21, 2012, www.washingtonpost.com/blogs/plum-line/post/what-nate-silver-really-accomplished/2012/11/21/6f9f10c2-3410-11e2-bfd5-e202b6d7b501_blog.html.

(6) Malcolm Gladwell, *Blink: The Power of Thinking Without Thinking* (New York: Little, Brown, 2005)（前掲『第 1 感「最初の 2 秒」の「なんとなく」が正しい』）は，このようなタイプの専門知識の例を多く挙げている．だが，科学的な検証にかけると，真に予測の力を持つ専門知識はほとんどない．

(7) Herbert A. Simon and William G. Chase, "Skill in Chess," *American Scientist* 61

(1973): 394-403.
(8) Gary Klein, *The Power of Intuition: How to Use Your Gut Feelings to Make Better Decisions at Work* (New York: Doubleday, 2003) は，事例に基づいた専門知識の例として，いくつか通説になっているものを挙げている．
(9) Lee R. Brooks, Geoffrey R. Norman, and Scott W. Allen, "Role of Specific Similarity in a Medical Diagnostic Task," *Journal of Experimental Psychology: General* 120 (1991): 278-287.
(10) J. Scott Armstrong, "Combining Forecasts," in *Principles of Forecasting: A Handbook for Researchers and Practitioners,* ed. J. Scott Armstrong (New York: Springer, 2001), 419-420. 事実に関する質問であれば当然，ちょっと調べれば正しい答が見つかるはずだ．しかし，事実に関する質問でも，かなり調べても結論が出ないものもあり，その場合は専門家に相談するのが一番だ．
(11) 前掲，428.
(12) 前掲，428，430-431.
(13) 前掲，433.
(14) Albert E. Mannes, Jack B. Soll, and Richard P. Larrick, "The Wisdom of Small Crowds," unpublished manuscript, accessed April 2014, http://opim.wharton.upenn.edu/DPlab/papers/workingPapers/Mannes_working_The%20Wisdom%20of%20Small%20Crowds.pdf.
(15) Philip Tetlock, "How to Win at Forecasting," *Edge*, December 6, 2012, www.edge.org/conversation/how-to-win-at-forecasting.

Chapter 10

(1) Thomas L. Friedman, "When Complexity Is Free," *New York Times*, September 14, 2013, www.nytimes.com/2013/09/15/opinion/sunday/friedman-when-complexity-is-free.html.
(2) Kevin J. Boudreau, Nicola Lacetera, and Karim R. Lakjani, "Incentives and Problem Uncertainty in Innovation Contests: An Empirical Analysis," *Management Science* 57 (2011): 843-863.
(3) Christian Terwiesch and Yi Xu, "Innovation Contests, Open Innovation, and Multiagent Problem Solving," *Management Science* 54 (2008): 1529-1543.
(4) William J. Abernathy and Richard S. Rosenbloom, "Parallel Strategies in Development Projects," *Management Science* 15 (1969):486-505; Richard R. Nelson and Sidney G. Winter, *An Evolutionary Theory of Economic Change* (Cambridge, MA: Belknap, 1982).（角南篤他訳『経済変動の進化理論』慶應義塾大学出版会，2007 年）
(5) Stefan Lindegaard, *The Open Innovation Revolution: Essentials, Roadblocks, and Leadership Skills* (Hoboken, NJ: John Wiley & Sons, 2010); Don Tapscott and Anthony D. Williams, *Wikinomics: How Mass Collaboration Changes Everything* (New York: Penguin, 2006).（井口耕二訳『ウィキノミクス』日経 BP 社，2007 年）

(6) Jeffrey D. Zients, "Guidance on the Use of Challenges and Prizes to Promote Open Government," Executive Office of the President: Office of Management and Budget, March 8, 2010, www.whitehouse.gov/sites/default/files/omb/assets/memoranda_2010/m10-11.pdf.

(7) 前掲.

(8) "About Challenge.gov," Challenge.gov, accessed October 4, 2013, https://challenge.gov/p/about.

(9) America COMPETES Reauthorization Act of 2010, Pub.L.No.111-358, 124 Stat.3982 (2011); Tom Kalil and Tobynn Sturm, "Congress Grants Broad Prize Authority to All Federal Agencies," Open Government Initiative, December 21, 2010, www.whitehouse.gov/blog/2010/12/21/congress-grants-broad-prize-authority-all-federal-agencies.

(10) Cristin Dorgelo, "Challenge.gov: Two Years and 200 Prizes Later," Office of Science and Technology Policy, September 5, 2012, www.whitehouse.gov/blog/2012/09/05/challengegov-two-years-and-200-prizes-later.

(11) 国務省のコンテストについては以下を参照. Rose Gottemoeller, "Mobilizing American Ingenuity to Strengthen National Security: A Challenge to the Public," *DipNote* (US Department of State official blog), August 28, 2013, http://blogs.state.gov/stories/2012/08/28/mobilizing-american-ingenuity-strengthen-national-security-challenge-public. 大気浄化コンテストについては以下. "The My Air, My Health HHS/EPA Challenge," last modified June 17, 2013, US Environmental Protection Agency, http://epa.gov/research/challenges/.

(12) Office of Science and Technology Policy, *Implementation of Federal Prize Authority: Progress Report* (Washington, DC: Office of Science and Technology Policy, 2012), 16, www.howto.gov/sites/default/files/implementation-federal-prize-authority.pdf.

(13) Challenge.gov, *Agency Stories: Challenge and Prize Competitions* (Washington, DC: 2011), 5, www.howto.gov/sites/default/files/agency-stories-challenge-prize-competitions.pdf.

Chapter 11

(1) Friedrich Hayek, "The Use of Knowledge in Society," *American Economic Review* 35 (1945): 519-530, reprinted in *The Essence of Hayek*, ed. Chiaki Nishiyama and Kurt R. Leube (Stanford, CA: Hoover Institution, 1984), 211-224.（嘉治元郎, 嘉治佐代訳「社会における知識の利用」『個人主義と経済秩序』ハイエク全集 I -3 所収, 春秋社, 2008年）ハイエク思想を説明したものとしては以下が秀逸. Bruce Caldwell, *Hayek's Challenge: An Intellectual Biography of F. A. Hayek* (Chicago: University of Chicago Press, 2004).

(2) Nishiyama and Leube, *The Essence of Hayek*, 212.

(3) 前掲, 214.

(4) 前掲，219-220.

(5) 前掲，220.

(6) Robert J. Shiller, *Irrational Exuberance*, 2ND ed. (New York: Broadway Books, 2005). （植草一秀訳『投機バブル　根拠なき熱狂——アメリカ株式市場，暴落の必然 第1版』ダイヤモンド社，2001年）

(7) 前掲，11.

(8) Bo Cowgill, "Putting Crowd Wisdom to Work," *Google Official Blog*, September 21, 2005, http://googleblog.blogspot.com/2005/09/putting-crowd-wisdom-to-work.html.

(9) Justin Wolfers and Eric Zitzewitz, "Prediction Markets," *Journal of Economic Perspectives* 18 (2004): 107-126.

(10) Saul Levmore, "Simply Efficient Markets and the Role of Regulation: Lessons from the Iowa Electronic Markets and the Hollywood Stock Exchange," *Journal of Corporation Law* 28 (2003): 593.

(11) Emile Servan-Schreiber et al., "Prediction Markets: Does Money Matter?" *Electronic Markets* 14 (2004): 243-251.

(12) Richard Roll, "Orange Juice and Weather," *American Economic Review* 74 (1984): 871.

(13) Wolfers and Zitzewitz, "Prediction Markets," 113-114を参照.

(14) Donald N. Thompson, *Oracles: How Prediction Markets Turn Employees into Visionaries* (Boston: Harvard Business Review Press, 2012), 105. （千葉敏生訳『普通の人たちを予言者に変える「予測市場」という新戦略——驚異の的中率がビジネスと社会を変革する』ダイヤモンド社，2013年）

(15) 前掲，103.

(16) 前掲，105.

(17) Kay-Yut Chen and Charles R. Plott, "Information Aggregation Mechanisms: Concept, Design, and Implementation for a Sales Forecasting Problem," working paper, Social Science, Division of the Humanities and Social Sciences, California Institute of Technology, March 2002, 3, http://authors.library.caltech.edu/44358/1/wp1131.pdf. ヒューレット・パッカード社が採用したこのモデルの応用版について説明している.

(18) Wolfers and Zitzewitz, "Prediction Markets," 112; Robert W. Hahn & Paul C. Tetlock, "Harnessing the Power of Information: A New Approach to Economic Development," working paper, AEI-Brookings Joint Center for Regulatory Studies, 2004, 4, http://papers.ssrn.com/sol3/papers.cfm?abstract_id=641444.

(19) Wolfers and Zitzewitz, "Prediction Markets," 112.

(20) Thompson, *Oracles,* 50. （前掲『普通の人たちを予言者に変える「予測市場」という新戦略』）

(21) IEMの結果については以下を参照．"They All Got It Right: Polls, Markets, and Models," *PBS NewShour*, November 7, 2012, www.pbs.org/newshour/businessdesk/2012/11/they-all-got-it-right-polls-ma.html.　最終結果については以

下．"2012 Presidential Election Results," *Washington Post*, November 19, 2012, www.washingtonpost.com/wp-srv/special/politics/election-map-2012/president/.

(22) Joyce Berg et al., "Results from a Dozen Years of Election Futures Market Research," unpublished manuscript, March 2003, http://tippie.uiowa.edu/iem/research/papers/bergforsythenelsonrietz_2008.pdf; Joyce E. Berg and Thomas A. Rietz, "Prediction Markets as Decision Support Systems," *Information Systems Frontiers* 5 (2003): 79-93.

(23) Donald Granberg and Edward Brent, "When Prophecy Bends: The Preference-Expectation Link in U.S. Presidential Elections, 1952-1980," *Journal of Personality and Social Psychology* 45 (1983): 479.

(24) Koleman S. Strumpf, *Manipulating the Iowa Political Stock Market*, unpublished manuscript, 2004, cited in Wolfers and Zitzewitz, "Prediction Markets," 118.

(25) Robert Forsythe, Thomas A. Rietz, and Thomas W. Ross, "Wishes, Expectations and Actions: A Survey on Price Formation in Election Stock Markets," *Journal of Economic Behavior and Organization* 39 (1999): 94.

(26) 前掲，94-95.

(27) Charles G. Lord, Lee Ross, and Mark R. Lepper, "Biased Assimilation and Attitude Polarization: The Effects of Prior Theories on Subsequently Considered Evidence," *Journal of Personality and Social Psychology* 37 (1979): 2098-2109. 以下も参照．Muzafer Sherif and Carl I. Hovland, *Social Judgment: Assimilation and Contrast Effects in Communication and Attitude Change* (New Haven, CT: Yale University Press, 1961), 188.（島久洋，水島基喜訳『社会的判断の法則——コミュニケーションと態度変化』ミネルヴァ書房，1977年）人がいかにして，すでに自分が持っている意見に合うように情報をふるい分けるかについて論じている．

(28) Forsythe, Rietz, and Ross, "Wishes," 94.

(29) Berg et al., *Election Futures Market Research*, 42.

(30) Forsythe, Rietz, and Ross, "Wishes," 99-100.「擬似合理的」(quasi-rational) という用語は以下からとった．Richard H. Thaler, *Quasi-Rational Economics* (New York: Russell Sage Foundation, 1991), xxi.

(31) Richard H. Thaler and William T. Ziemba, "Anomalies: Parimutuel Betting Markets: Racetracks and Lotteries," *Journal of Economic Perspectives* 2 (1988): 163. この論文は，本命―穴馬のバイアスについて検証している．さらに以下は競馬のデータをまとめている．Charles F. Manski, "Interpreting the Predictions of Prediction Markets," unpublished manuscript, August 2005, www.aeaweb.org/assa/2006/0106_1015_0703.pdf.

(32) David Forrest and Ian McHale, "Longshot Bias: Insights from the Betting Market on Men's Tennis," in *Information Efficiency in Financial and Betting Markets*, ed. Leighton Vaughan Williams (Cambridge: Cambridge University Press, 2005), 215-230.

(33) 奇妙なことに，スポーツの賭けの中には反対のパターンを示すものもある．イギリスのプロ・サッカーでは，大穴が過小評価されることがわかった．David Forrest and

Robert Simmons, "Efficiency of the Odds on English Professional Football Matches," in *Information Efficiency*, ed. Williams, 336.

(34) 最も重要な証拠はトレードスポーツの予測に見られる．最も可能性の低い結果が，複数の分野で過大評価されていたのである．Wolfers and Zitzewitz, "Prediction Markets," 117.

(35) 以下を参照．Richard H. Thaler ed., *Advances in Behavioral Finance*, vol.2 (Princeton NJ: Princeton University Press, 2009); Kay-Yut Chen, Leslie R. Fine, and Bernardo A. Huberman, "Eliminating Public Knowledge Biases in Information-Aggregation Markets," *Management Science 50 (2004)*: 983-994. この論文は，リスクに対する態度や共有情報の偏見についての予想市場の結果を矯正し，市場価格の正確性を高める方法の一例を論じている．

(36) Shiller, *Irrational Exuberance*, 2.

(37) 証拠については，Thaler, *Advances in Behavioral Finance* を参照．

(38) Erin Jordan, "Iowa Electronic Markets Yields Near-Accurate Result," *Des Moines Register*, November 10, 2004.

Chapter 12

(1) Meredith Halama, "NAI Seeking Public Comment on Revised Code of Conduct," *Network Advertising Initiative*, March 1, 2013, www.networkadvertising.org/blog/nai-seeking-public-comment-revised-code-of-conduct.

(2) Laura Carroll, "Opinions Please! Retailers Seeking Public's Input," *Las Vegas Review-Journal*, July 1, 2013, www.reviewjournal.com/business/retail/opinions-please-retailers-seeking-publics-input.

(3) 前掲．

(4) Korri Kezar, "Austin Gun Manufacturer Seeking Public Input,,2 *Community Impact Newspapers*, June 25, 2013, http://impactnews.com/austin-metro/round-rock-pflugerville-hutto/gun-manufacturer-seeking-public-input/; "The Crowdsourced Smart Rifle, " *TrackingPoint*, June 21, 2013, https://tracking-point.com/labs/future/.

Chapter 13

(1) D. J. Devine and J. L. Phillips, "Do Smart Teams Do Better: A Meta-analysis of Cognitive Ability and Team Performance," *Small Group Research* 32 (2001): 507-532; Suzanne T. Bell, "Deep-Level Composition Variables as Predictors of Team Performance: A Meta-analysis," *Journal of Applied Psychology* 92 (2007): 595-615.

(2) Walter Mischel, *Personality and Assessment* (New York: Wiley, 1968).（詫摩武俊監訳『パーソナリティの理論——状況主義的アプローチ』誠信書房，1992 年）

(3) Lee Ross and Richard E. Nisbett, *The Person and the Situation: Perspectives of*

Social Psychology (New York: McGraw-Hill, 1991).
(4) Malcolm Gladwell, "Personality Plus," *New Yorker*, September 2004, 42.
(5) 例えば以下を参照. Kenneth M. Nowack, "Is the Myers Briggs Type Indicator the Right Tool to Use?" *Performance in Practice, American Society of Training and Development* (Fall 1996): 6.
(6) Christina A. Rideout and Susan A. Richardson, "A Teambuilding Model: Appreciating Differences Using the Myers-Briggs Type Indicator with Developmental Theory," *Journal of Counseling and Development*, 67 (1989): 532. Tricia Varvel et al., "Team Effectiveness and Individual Myers-Briggs Personality Dimensions," *Journal of Management in Engineering* 20 (2004): 146. この二つは似たような結果を伝えている.「この研究では, 一定の性格や嗜好の組み合わせがチームの効率に直接的な関係があるという結論は出なかった」.
(7) Bell, "Deep-Level Composition Variables," 595; Steve W. J. Kozlowski and Bradford S. Bell, "Work Groups and Teams in Organizations," in *Handbook of Psychology: Industrial and Organizational Psychology*, 2nd ed., ed. Randy K. Otto (New York: Wiley, 2013), 12:412.
(8) 前掲.
(9) Anita Woolley et al., "Evidence for a Collective Intelligence Factor in the Performance of Human Groups," *Science* 330 (2010): 686-688.
(10) Simon Baron-Cohen et al., "The 'Reading the Mind in the Eyes' Test, Revised Version: A Study with Normal Adults, and Adults with Asperger Syndrome or High-Functioning Autism," *Journal of Child Psychology and Psychiatry* 42 (2001): 241-251.
(11) Anita W. Woolley and Thomas W. Malone, "What Makes a Team Smarter? More Women," *Harvard Business Review,* June 2011, http://hbr.org/2011/06/defend-your-research-what-makes-a-team-smarter-more-women/.
(12) Linus Torvalds and David Diamond, *Just for Fun: The Story of an Accidental Revolutionary* (New York: HarperCollins, 2001).（風見潤訳『それがぼくには楽しかったから』小学館プロダクション, 2001 年）
(13) Andrew Lih, *The Wikipedia Revolution: How a Bunch of Nobodies Created the World's Greatest Encyclopedia* (New York: Hyperion, 2009).（千葉敏生訳『ウィキペディア・レボリューション——世界最大の百科事典はいかにして生まれたか』早川書房, 2009 年）